Walter Nitsche/Benedikt Peters
Dämonische Verstrickungen – Biblische Befreiung

Walter Nitsche/Benedikt Peters

Dämonische Verstrickungen – Biblische Befreiung

Überarbeitete Ausgabe

Schwengeler-Verlag
CH-9442 Berneck

CIP-Kurztitelaufnahme der Deutschen Bibliothek

Nitsche, Walter:

Dämonische Verstrickungen – Biblische Befreiung /
Walter Nitsche; Benedikt Peters. – Berneck:
Schwengeler, 1987.

(TELOS-Bücher; 1293: TELOS-Gesundes Glaubensleben); 12
ISBN 3-85 666-130-1

NE: Peters, Benedikt:; GT

TELOS-Bücher
ISBN-Nr. 3-85 666-130-1

TELOS-«Gesundes Glaubensleben» Nr. 1293
© 1987 by Schwengeler-Verlag, CH-9442 Berneck
Überarbeitete Ausgabe 1989
Umschlaggestaltung und Gesamtherstellung:
Cicero-Studio am Rosenberg, CH-9442 Berneck
Printed in Germany

Inhalt

Vorwort zur überarbeiteten Ausgabe

Zahlreiche Reaktionen auf unser Buch – teils ergänzender, teils korrigierender Art – ließen uns eine umfangreiche Überarbeitung dieser Publikation als angebracht erscheinen.

Wenn wir nun diese überarbeitete und – so hoffen wir – verbesserte Ausgabe vorlegen, sind wir uns trotzdem bewußt, daß alles von Menschen Niedergeschriebene stets ergänzungs- und verbesserungsbedürftig bleiben wird.

W. Nitsche/B. Peters
Berneck, Januar 1989

Wir sprechen allen unseren Dank aus, die zur Herausgabe
vorliegender Ausführungen beigetragen haben,
besonders
Dr. Thomas Schirrmacher,
Eckehard Strickert und
Dipl.-Ing. Fritz Weber
für ihre Beiträge
und
Dr. Kurt Blatter,
Erich Hämmerle,
Roger Liebi,
Jürgen Neidhart,
Dr. Zbigniew Plaskowski,
und weiteren Ungenannten
für ihre korrigierenden Anmerkungen.

Die Verfasser

Vorwort

«Ich hatte, bevor ich an Jesus Christus gläubig wurde, aktiv an spiritistischen Sitzungen teilgenommen», erzählte eine etwa vierzigjährige Frau, «als ich nach meiner Bekehrung dann große Schwierigkeiten im Glaubensleben hatte, versuchte ich, die besten Seelsorger aufzusuchen und um Rat zu bitten. Man sprach mich los von allen okkulten Bindungen, ich lieferte neu mein ganzes Leben Jesus aus, man trieb versteckte Dämonen aus mir und versuchte, mich zu einem Heiligungsleben anzuleiten, dem ich auch völlig nachkommen wollte. Doch meine Probleme verlagerten sich eher auf andere Bereiche. Nun bin ich am Ende und weiß wirklich nicht mehr weiter in meinem Leben.»

Kein Einzelfall, diese entmutigte, gläubige Frau! Zahlreiche seelsorglichen Gespräche und Erlebnisse riefen in uns und anderen in der Seelsorge arbeitenden Christen das Verlangen hervor, uns gründlicher mit der Frage der okkulten Belastung und der Befreiung davon auseinanderzusetzen. Vor allem wollten wir gängige Seelsorgepraktiken, die wir von anderen Seelsorgern einfach übernommen hatten, im Lichte der Bibel genauer betrachten und gemachte Erfahrungen am Maßstab des Wortes Gottes überprüfen.

Nachdem wir dies in die Tat umgesetzt hatten, sammelten wir im Bereich des Okkultismus und der biblischen Befreiung davon auch praktische Erfahrungen, die uns Mut machten, das vorliegende Buch zu veröffentlichen.

W. Nitsche/B. Peters
Berneck, September 1987

Walter Nitsche

Die Wirklichkeit von Dämonen

Wenn wir uns mit dämonisierten Menschen beschäftigen wollen, müssen wir uns zuerst verdeutlichen, mit welcher Art Wirklichkeit wir es hier zu tun haben.

Manche Zeitgenossen schmunzeln schon beim Ausdruck «dämonisch» und meinen, es handle sich hier um religiöse Überbleibsel aus dem Mittelalter. Andere, die von der zunehmenden Okkult-Welle fasziniert sind, denken an Filme wie «der Exorzist» oder «Poltergeist» und freuen sich über lockenden Nervenkitzel; wieder andere ahnen, daß es unsichtbare, übernatürliche Kräfte geben muß, blicken dabei mit einer Mischung aus Skepsis, Hoffnung und Neugierde auf die Erfolge von Geistheilern (die aktuellen «Magier der Gesundheit») und vertiefen sich in Erläuterungen über «kosmische Energien» und «göttliche Schwingungen».

Wer aber gibt uns verbindliche Auskunft über diese Wirklichkeit?

Ich bin davon überzeugt, daß uns Gott, der Schöpfer, am besten Auskunft über die Welt des Übernatürlichen geben kann. Bei genauer Prüfung können wir auch feststellen, daß die biblische Lehre das widerspruchsfreieste und stichhaltigste Bild des Übernatürlichen vor Augen malt.

Unsere natürliche Welt

Wir leben auf dieser Erde mit natürlich gesteckten Grenzen und Dimensionen und sind beispielsweise gut mit den drei Dimensionen des Raumes vertraut: mit Länge, Breite und Höhe (oder Tiefe). Weil wir uns in diesen drei Dimensionen bewegen können, sind wir auch in der Lage, Gegenstände im Raum genau zu lokalisieren. Würde ich Ihnen persönlich begegnen, könnte ich Sie also als dreidimensionalen Körper mit entsprechender

Ausdehnung wahrnehmen. Würden Sie mir aber mit den Augen zuzwinkern, dann könnte ich dies nur aufgrund einer weiteren Dimension erkennen: der Zeit. Man nennt daher die Zeit auch oft die «vierte Dimension» unserer Welt. Alles Geschehen, jeder Vorgang in den Dimensionen des Raumes, ist für uns nur wahrnehmbar, weil uns auch die Dimension Zeit gegeben ist, weil uns Zukunft, Gegenwart und Vergangenheit vertraut sind. Dimensionen, die über unsere vierdimensionale Welt hinausgehen, können wir weder begreifen noch erfahrungsgemäß nachvollziehen. Ein Geschehen beispielsweise, das gleichzeitig in der Vergangenheit und in der Zukunft stattfinden würde, wäre für uns zeitgebundene Geschöpfe unvorstellbar. Es wäre tatsächlich übernatürlich.

Um uns die Tatsache einer übernatürlichen Welt besser vorstellen zu können, ziehen wir den bekannten bildhaften Vergleich der «Flachländer-Theorie»[1] heran:

«Flachland»

Man stelle sich eine Welt in nur zwei Dimensionen vor: Länge und Breite (ohne Höhe). Eine solche Welt wäre reine Oberfläche ohne irgendwelche Tiefe. Wir könnten die Welt «Flachland» nennen und uns dazu vorstellen, daß sie von Wesen verschiedener geometrischer Gestalt bevölkert sei, von Quadraten, Dreiecken, Kreisen usw. Was wäre nun die Erfahrung der «Flachländer», wenn ein dreidimensionaler Gegenstand zu ihrer Welt in Beziehung träte? Um uns ein solches Ereignis vorzustellen, denken wir uns den einfachsten Körper: eine Kugel, die «Flachland» durchquert, indem sie von oben her auf dasselbe herabsteigt (s. Abbildung a). Von den zweidimensionalen Wesen «Flachlands» würde die Kugel natürlich nicht als Körper wahrgenommen werden können, sondern nur als ein dynamischer Prozeß: Sie würde plötzlich auftauchen – «wie aus dem Nichts» –, und zwar zunächst als Punkt; dieser würde sich zu einem Kreis ausweiten, und zwar bis zum maximalen Umfang der Kugel; dann, während die Kugel ihren Weg abwärts fortsetzte, würde der Kreis langsam schrumpfen und schließlich wieder

1 aus: factum 2/80, S. 24ff. von Woodrow und Brooks

Abbildung a

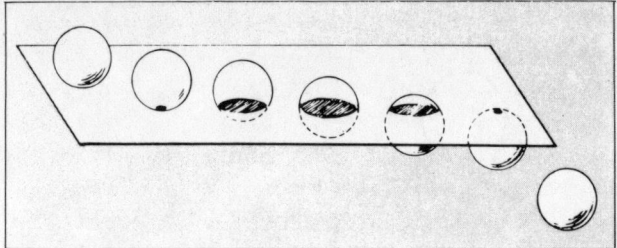

Abbildung a
Eine dreidimensionale Kugel durchquert die zweidimensionale Welt von «Flachland», was unter dessen Bewohnern Konsternation auslöst.

Abbildung b

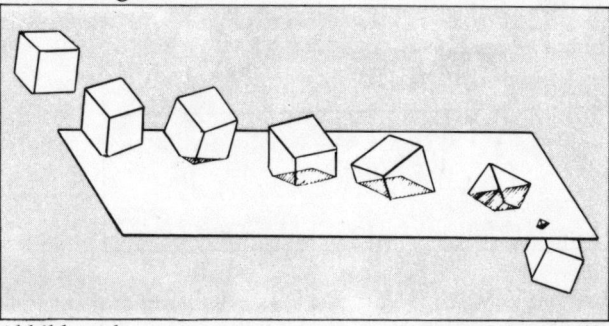

Abbildung b
Ein Würfel durchquert «Flachland». Beachten Sie die Veränderungen im Aussehen aus der Sicht der «Flachländer», während der Würfel selbst in der Form konstant bleibt.

Abbildung c

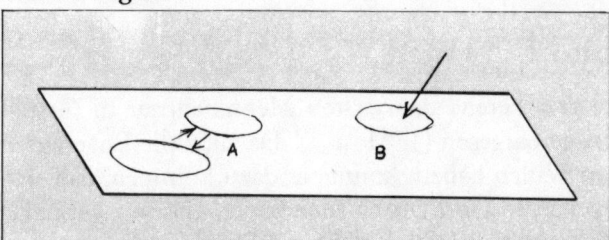

Abbildung c
Zweidimensionale Wesen (A) können die Grenzen voneinander wahrnehmen. B: Dreidimensionaler Blick nimmt das Innere des zweidimensionalen Gegenstandes (Wesens) wahr.

13

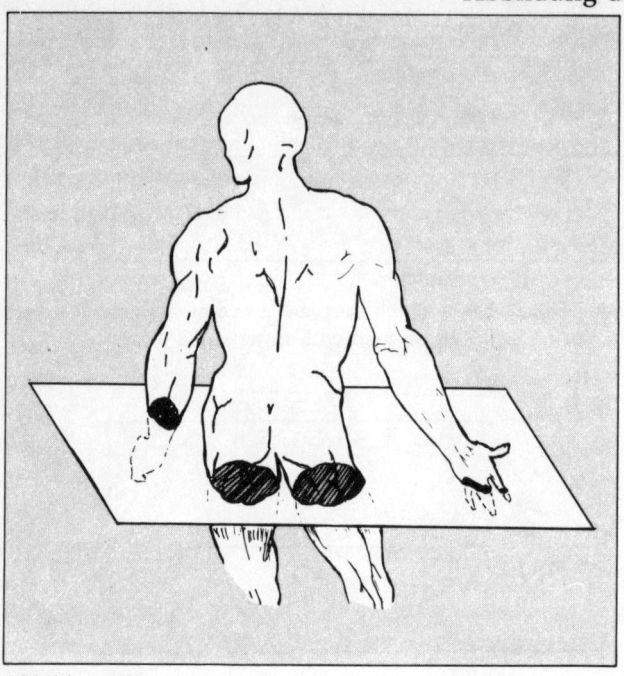

Abbildung d
Ein dreidimensionales Wesen (Mensch), wie es zweidimensional aufgefaßt
würde. Beachten Sie, wie jede Bewegung des Menschen seine zweidimensionale Konfiguration verändert.

als Punkt erscheinen, der dann – auf geheimnisvolle Weise –
wieder verschwindet ...

Teufel und Dämonen

Der Teufel trat bereits dem ersten Menschenpaar in Gestalt
einer Schlange entgegen (1. Mose 3). Da auch die Engelwesen
einen freien Willen haben, konnte es dazu kommen, daß sich
etliche Engel gegen Gott entschieden haben und so zu «gefallenen Engeln» wurden. Diese gefallenen Engel, auch Dämonen
genannt, stehen nicht mehr im Dienste Gottes, sondern gehören zur Gefolgschaft des «Obersten der Dämonen» (Matth.
12,24), zu Satan. Das hebräische Wort «Satan» (Widersacher,

Feind, Verleumder, Ankläger, Betrüger) lautet im Griechischen «diabolos» – der Durcheinanderbringer. Die deutsche Umformung (mit ähnlichen Konsonanten) heißt «Teufel».

Im Neuen Testament ist sehr häufig vom Teufel und seinen dämonischen Engeln die Rede. Jesus spricht von ihnen unmißverständlich als von persönlichen Widersachern und Feinden. Es existiert demnach ein übernatürliches, unsichtbares Satansreich, das dem Gottesreich und Gott Selbst (der ja auch über diesen Bereich hinaus existiert) feindselig gegenübersteht.

Will ein Mensch in die unsichtbare Welt eindringen, so wird er an die Grenze zwischen dem natürlichen und dem übernatürlichen Bereich gelangen. Überschreitet er diese Grenze, kommt es entweder zum Kontakt mit dem lebendigen Schöpfergott oder zum Kontakt mit dem Diabolos und seinen Dämonen. Beide, Gott und Satan, sind durch ihre Multidimensionalität für den natürlichen Menschen gegenwärtig.

Nun zeigt die Bibel ganz eindeutig auf, wie der Kontakt zum wahren Gott entstehen kann. Und das Wort Gottes sagt, daß es nur einen einzigen Weg dazu gibt: nämlich durch das Vertrauen auf Jesus Christus, der die Schuldfrage (die Ursache der Trennung zwischen Gott und Mensch) Selbst gelöst und dadurch wieder die Gemeinschaft mit dem heiligen Gott ermöglicht hat.

Durch ein Vordringen in den übernatürlichen Bereich außerhalb dieses von Gott Selbst verordneten, einzigen Weges kontaktiert man automatisch die dämonischen Wesen. Der Diabolos verfügt über eine Unzahl raffinierter, verführerischer Angebote, um die Menschen vom Wege Gottes abzubringen. Paulus schreibt dazu, daß sich Satan auch als «Engel des Lichts» (2. Kor. 11,14) ausgibt, um so auf gutgläubige Menschen nicht abschreckend, sondern einladend zu wirken.

Dämonen sind also multidimensionale Wesen und können unsere natürliche Welt durchdringen. Da sie nicht begrenzt sind durch dreidimensionale Formen (Länge, Breite, Höhe), kann man sie auch nicht «lokalisieren» im Sinne von somatisieren; d.h. daß wir bei einem von Dämonen «In-Besitz-Genommenen» zwar wissen können, Dämonen wohnen in ihm (vgl. 3. Mose 20,27), doch sollten wir nicht versuchen, diese auf gewisse

Körperteile festzulegen (davon später mehr). Man kann lediglich zum Teil erkennen, in welchem Maße ein Mensch von Dämonen beeinflußt oder beherrscht wird.

Es gibt «Seelsorger», die behaupten, sie könnten (angeblich durch den Heiligen Geist) erkennen, wo bei einem belasteten Menschen ein Dämon sitzt – z.B. in der Magengegend, in den Gedärmen oder im Kopf. Das ist natürlich Unsinn und widerspricht dem Wesen von Dämonen als übernatürliche Geschöpfe, die in gewissem Sinne nicht an Raum und Zeit gebunden sind. Dabei muß natürlich klar von Gottes Grenzenlosigkeit und Freiheit unterschieden werden, denn allein Gott ist allgegenwärtig, allwissend und ewig. Auch die übernatürlichen Wesen sind «nur» Geschöpfe und dadurch begrenzt, auch wenn sie nicht dermaßen an Raum und Zeit gebunden sind wie der Mensch (vgl. Dan. 10,13; Hiob 1,7b; Off. 12,8+9). Gott lebt also – um in unserem Bild zu sprechen – in einer weitaus «multidimensionaleren Welt» als Satan und seine Dämonen oder die Engel (vgl. 1. Tim. 6,16!).

Menschen in Kontakt mit Dämonen

Seit Urzeiten lädt Satan den Menschen zur Gemeinschaft mit seinem Reich ein und gebärdet sich dadurch als klarer Gegenspieler Gottes. Da die ersten Menschen auf diese teuflische Einladung eingegangen sind (und in der Folge das Paradies verloren), wurde dem Diabolos grundsätzlich die Möglichkeit gegeben, in der Menschenwelt zu wirken. Er, Satan, wird daher auch als «Fürst dieser Welt» bezeichnet (Joh. 12,31; 14,30), als Herrscher in einer gefallenen Menschenwelt. Jeder Mensch, der das Licht dieser Welt erblickt, gehört infolgedessen grundsätzlich dieser gefallenen, von Satan beherrschten Menschenwelt an. Dies drückt die Bibel an verschiedenen Stellen eindeutig aus, z.B.:

Röm. 3,23: «Alle haben gesündigt und *haben nicht Herrlichkeit Gottes.*»

Eph. 2,1+2: «... Sünden, in denen ihr einst wandeltet nach dem Lauf dieser Welt, nach dem Fürsten, der in der Luft herrscht, dem Geiste, der jetzt in den Kindern des Unglaubens wirkt, unter welchen *auch wir alle einst lebten...*»

Apg. 26,18: «... um ihnen die Augen zu öffnen, damit sie sich bekehren *von* der Finsternis zum Licht und *von der Gewalt des Satans* zu Gott.»

1. Thess. 1,9: «... und wie ihr euch *von den Abgöttern zu Gott* bekehrt habt...»

Deshalb kann Satan auch ganz gewaltig Menschen plagen, die noch nicht in Christus Jesus Erlösung erfahren haben.

Jeder Mensch in dieser gefallenen Welt ist also grundsätzlich den Wirkungen des «Fürsten dieser Welt» – Satan – ausgeliefert und bedarf daher der Erlösung durch Jesus Christus.

Wege zur Gemeinschaft mit Übernatürlichem

Wie wir bereits gesehen haben, gibt es einen klaren Weg zur Gemeinschaft mit dem wahren Gott und Schöpfer Himmels und der Erde: «*Ich bin der Weg, die Wahrheit und das Leben*», sagt Jesus Christus in Joh. 14,6, «*niemand kommt zum Vater denn durch mich.*» Daher schreibt Paulus an Timotheus: «*Denn es ist ein Gott und ein Mittler zwischen Gott und den Menschen, der Mensch Christus Jesus, der sich selbst als Lösegeld für alle gegeben hat*» (1. Tim. 2,5).

Von menschlicher Seite aus gesehen komme ich auf diesen «Weg in Christus» durch Glauben, d.h. durch Vertrauen: Ich vertraue auf die vollkommene Erlösungstat Jesu für meine Sünden (ohne Zusätze!), ich vertraue mein Leben Ihm an und übergebe es Seinem Herrschaftsbereich. *Vertrauen* heißt hier das Schlüsselwort. *Vertrauen* heißt auch der Schlüssel zum Kontakt mit Satan und seinen Dämonen: Wer nämlich *übernatürliche* Hilfe erwartet, erhofft, erbittet oder in sonstiger Weise zu erlangen versucht, abseits vom wahren, lebendigen Gott, der betreibt Abgötterei und öffnet sich dadurch konkret der Gemeinschaft mit Dämonen.

Der Psalmist fragt: «*Woher kommt mir Hilfe?*» (Psalm 121,1). Die Antwort (Vers 2): «*Meine Hilfe kommt vom Herrn, der Himmel und Erde geschaffen hat!*» Der Mensch sehnt sich nach Erlösung und nach übernatürlicher Hilfe, die er im Alltag erleben möchte. Woher kommt echte Hilfe? Gottes Wort sagt: durch Jesus Christus, durch Gott Selbst.

Ist es somit nicht einleuchtend, daß es die Absicht des Diabolos ist, dieses Vertrauen durcheinanderzubringen? Oder konkret gesagt: dieses Vertrauen auf jemanden – oder auf etwas – anderes richten zu lassen statt auf Jesus Christus? Wer aber auf einen Abgott hofft, der bittet – auch wenn es nicht bewußt geschieht – den Diabolos um Hilfe und schafft dadurch verstärkte Möglichkeiten für dessen Wirken im persönlichen Leben.

Einige Beispiele zur Verdeutlichung: Ein Autofahrer bringt am Kühler seines Wagens ein Hufeisen als Talisman an. Mehr unbewußt als bewußt erhofft er sich dadurch Bewahrung vor Unfall und vor Schaden. («Ich glaube es zwar nicht, aber vielleicht wirkt's doch.») Dies ist in der übernatürlichen Welt eine praktisch gezeigte Hoffnung, eine an Satan unbewußt gerichtete Bitte um übernatürliche Hilfe (denn natürliche Hilfe kann ein Hufeisen ja nicht geben – das ist jedermann klar), der die

Dämonen gerne nachkommen. Geht jemand zum Wahrsager, dann ist dies eine Erwartung oder Hoffnung auf übernatürliche Offenbarung der Zukunft – und da Gott diesen Weg verbietet, wird Satan gerne solchen Erwartungen gerecht werden und darauf eingehen.

Frage nach Psalm 121,1:

Woher kommt mir (übernatürliche) Hilfe?

Biblische Antwort nach Psalm 121,2:

Meine (übernatürliche) Hilfe kommt (allein) vom Herrn,
der Himmel und Erde gemacht hat.

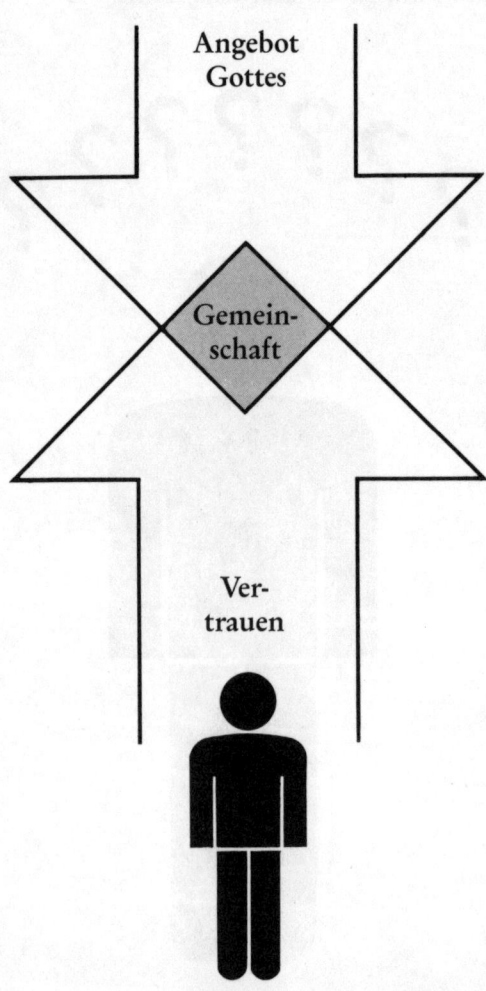

Angebot
Gottes

Gemein-
schaft

Ver-
trauen

Teuflische Antwort:

«Hauptsache, du glaubst *etwas*...»

Hilfsangebote Satans:

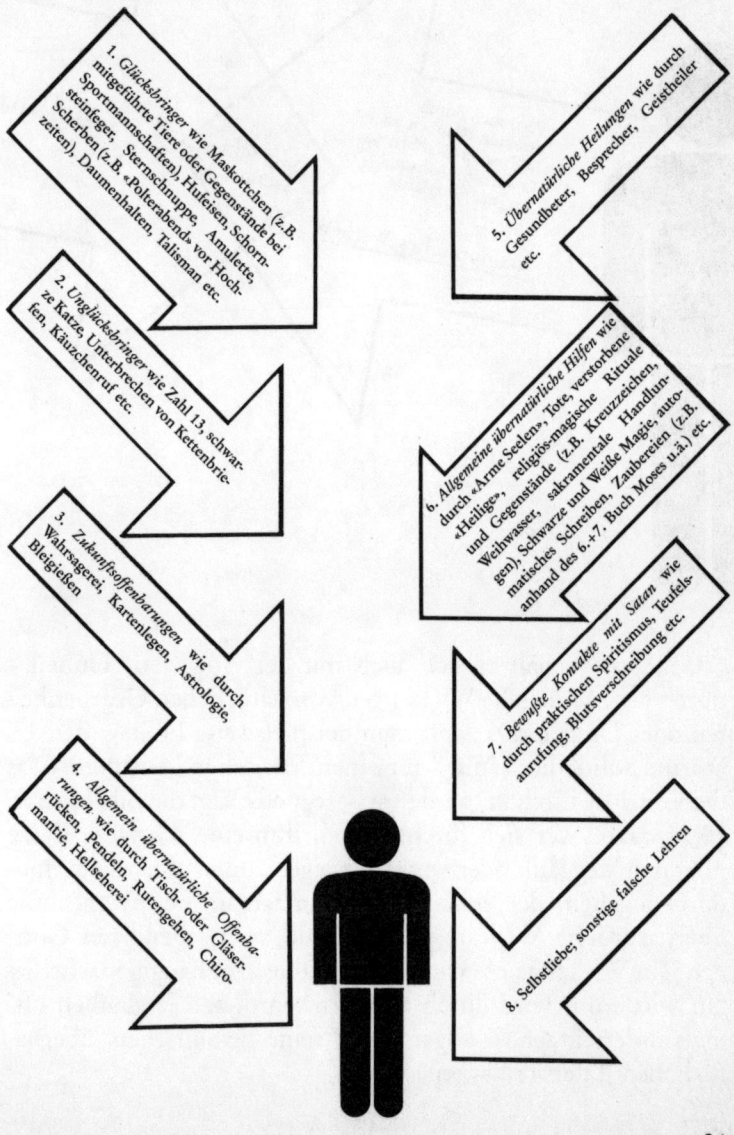

1. *Glücksbringer* wie Maskottchen (z.B. mitgeführte Tiere oder Gegenstände bei Sportmannschaften) Hufeisen, Schornsteinfeger, Sternschnuppe, Amulette, Scherben (z.B. «Polterabend» vor Hochzeiten), Daumenhalten, Talsman etc.

2. *Unglücksbringer* wie Zahl 13, schwarze Katze, Unterbrechen von Kettenbriefen, Käuzchenruf etc.

3. *Zukunftsoffenbarungen* wie durch Wahrsagerei, Kartenlegen, Astrologie, Bleigießen

4. *Allgemein übernatürliche Offenbarungen* wie durch Tisch- oder Gläserrücken, Pendeln, Rutengehen, Chiromantie, Hellseherei

5. *Übernatürliche Heilungen* wie durch Gesundbeter, Besprecher, Geistheiler etc.

6. *Allgemeine übernatürliche Hilfen* wie durch «Arme Seelen», Tote, verstorbene «Heilige», religiös-magische Rituale und Gegenstände (z.B. Kreuzzeichen, Weihwasser, sakramentale Handlungen), Schwarze und Weiße Magie, automatisches Schreiben, Zaubereien (z.B. anhand des 6. +7. Buch Moses u.ä.) etc.

7. *Bewußte Kontakte mit Satan* wie durch praktischen Spiritismus, Teufelsanrufung, Blutsverschreibung etc.

8. Selbstliebe, sonstige falsche Lehren

Vertrauen (durch direkten oder indirekten Glauben) schafft auch hier *Gemeinschaft* und ermöglicht infolgedessen besonderes *dämonisches Wirken*.

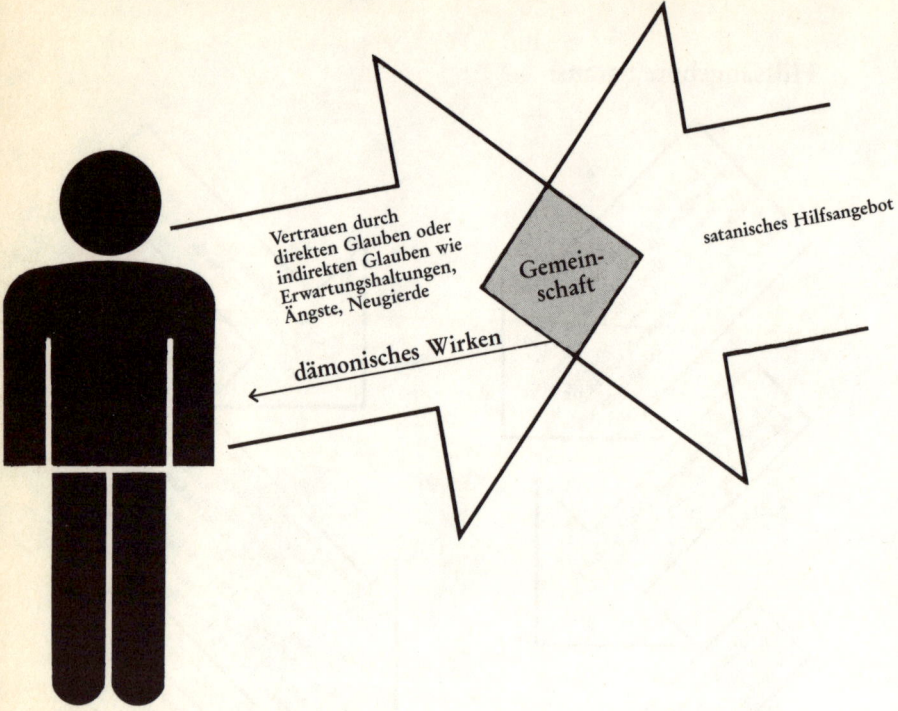

Genauso verhält es sich auch mit der Angst vor Unheil – durch übernatürliche Wirkungen von natürlichen Gegebenheiten oder Dingen: Da zählt man beispielsweise Freitag, den 13. Warum sollte dies Unheil für einen Menschen bedeuten? «Was der Gottlose fürchtet, wird ihm begegnen», sagt die Bibel in Spr. 10,24 dazu. Wer sich fürchtet, weil ihm eine schwarze Katze über den Weg läuft oder wer sich weigert, unter einer Leiter hindurchzugehen, der erwartet nun einfach im negativen Sinne übernatürliche Wirkungen außerhalb vom lebendigen Gott, der Sein Wirken ja nie von solchen Dingen abhängig macht. Satan wiederum wird durch sein Wirken diesen Irrglauben oftmals unterstützen, ja sogar durch seine diabolischen, übernatürlichen Taten bestärken.

Wer übernatürliche Hilfe oder übernatürliches Unheil von irgendwoher anders erwartet oder erbittet als vom lebendigen Gott, treibt – auch wenn es nur unbewußt geschieht – Abgötterei und schafft somit Satan Gelegenheit, dieses Irrvertrauen zu bestätigen.

Warnende Worte Gottes

«Wenn unter euch ein Prophet oder Träumer aufstehen wird und dir ein Zeichen oder Wunder angibt, und das Zeichen oder Wunder eintrifft, davon er dir gesagt hat, indem er sprach: Lasset uns andern Göttern nachwandeln, die ihr nicht kennt, und laßt uns ihnen dienen! so sollst du den Worten eines solchen Propheten oder Träumers nicht gehorchen; denn der Herr, euer Gott, versucht euch, damit er erfahre, ob ihr den Herrn, euren Gott, liebet von ganzem Herzen und von ganzer Seele. Dem HERRN, eurem Gott, sollt ihr nachwandeln und ihn fürchten und seine Gebote halten und seiner Stimme gehorchen und ihm dienen und ihm anhangen. Ein solcher Prophet... hat dich abbringen wollen von dem Wege, den der HERR, dein Gott, geboten hat, darin zu wandeln» (5. Mose 13,1–5).

«Es soll niemand unter dir gefunden werden, der seinen Sohn oder seine Tochter durchs Feuer gehen lasse, oder ein Wahrsager, oder ein Wolkendeuter, oder ein Schlangenbeschwörer, oder ein Zauberer, oder ein Bannsprecher oder ein Medium, oder einer, der einen Wahrsagergeist hat, oder jemand, der die Toten befragt. Denn wer solches tut, ist dem HERRN ein Greuel, und um solcher Greuel willen treibt der HERR, dein Gott, sie vor dir aus. Du aber sollst dich gänzlich halten an den HERRN, deinen Gott; denn diese Völker, die du austreiben sollst, gehorchen den Wolkendeutern und den Wahrsagern; dir aber hat es der HERR, dein Gott, nicht also bestimmt» (5. Mose 18,2–14).

«Ich bin der HERR. Ihr sollt euch nicht an die Totenbeschwörer wenden, noch an die Zeichendeuter; ihr sollt sie nicht fragen, auf daß ihr durch sie nicht verunreinigt werdet; denn ich, der HERR, bin euer Gott» (3. Mose 19,31).

«Auch wenn sich eine Seele zu den Totenbeschwörern und Zeichendeutern wendet und ihnen nachbuhlt, so will ich mein Ange-

sicht wider diese Seele richten und sie aus der Mitte ihres Volkes ausrotten ... Wenn in einem Mann oder einem Weib ein Totenbeschwörer- oder Wahrsagergeist steckt, so sollen sie unbedingt sterben...» (3. Mose 20,6+27).

«Offenbar sind aber die Werke des Fleisches, welche sind: Ehebruch, Unzucht, Unreinigkeit, Ausschweifung; Götzendienst, Zauberei, Feindschaft, Hader, Eifersucht, Zorn, Ehrgeiz, Zwietracht, Spaltungen, Neid, Mord; Trunkenheit, Gelage und dergleichen, wovon ich euch voraussage, wie ich schon zuvor gesagt habe, daß die, welche solches tun, das Reich Gottes nicht ererben werden» (Gal. 5,19–21).

«Den Feiglingen aber und Ungläubigen und Greulichen und Mördern und Unzüchtigen und Zauberern und Götzendienern und allen Lügnern wird ihr Teil sein in dem See, der von Feuer und Schwefel brennt; das ist der zweite Tod» (Off. 21,8).

Der Christ unter dämonischen Wirkungen

Bezüglich der erstgenannten Tatsache, daß grundsätzlich jeder Mensch in eine vom Teufel beherrschte Welt hineingeboren wird, erlebt ein Jünger des Herrn Jesus Christus die befreiende Tatsache, daß er durch Christus von dieser Welt und von der Gewalt Satans «losgekauft wurde» (Kol. 1,13+14) und es nun *«keine Verdammnis mehr gibt für die, welche in Christus Jesus sind»* (Röm. 8,1).

Abgötterei beim Christen

Die zweitgenannte Tatsache, daß Irrvertrauen Gemeinschaft mit Dämonen hervorruft, bleibt auch beim gläubigen Christen als Möglichkeit bestehen. Daher schreibt Paulus den Christen in Korinth: *«Was sage ich nun? Daß das Götzenopfer etwas sei, oder daß ein Götze etwas sei? Nein,* (Anm.: Hufeisen ist tatsächlich nichts weiter als gebogenes Eisen, eine schwarze Katze nichts weiter als ein Tier, eine Buddha-Statue – oder Marien-Statue – im Wohnzimmer nichts weiter als ein Gebilde aus Holz, Gips oder Stein; doch:) *aber daß sie das, was sie opfern, den Dämonen opfern und nicht Gott. Ich will aber nicht, daß ihr in Gemeinschaft der Dämonen geratet. Ihr könnt nicht des Herrn Kelch trinken und der Dämonen Kelch; ihr könnt nicht am Tische des Herrn teilhaben und am Tische der Dämonen!»* (1. Kor. 10,19–21). Auch wenn ein gläubiger Christ sein Vertrauen auf abgöttische Dinge setzt, ist dies eine (meist unbewußte) Erwartung dämonischem Wirken gegenüber, und Satan erhält dadurch die Handhabe, bei diesem Menschen zu wirken. Daß ein Christ dabei oft unbewußt handelt (also eigentlich gar nicht Satan direkt angehen will – im Gegensatz zu vielen Spiritisten und Teufelsanbetern), spielt in der Wirkungsweise keine Rolle. Es handelt sich hiebei nämlich um klare – in der Bibel belegte – Gesetzmäßigkeiten in der übernatürlichen Welt. Es sind genau so verbindliche Gesetzmäßigkeiten, wie z.B. chemische oder physikalische Gesetze in unseren Dimensionen. Wenn ein Christ seine Hand in ein offenes Feuer hält, dann wird er an dieser Hand Verbrennungen erleiden – egal, ob er seine Hand bewußt oder nur unbewußt dem Feuer ausgesetzt hat. Wer abgöttische Erwartungen pflegt, wird sein Leben dadurch dämonischem Wirken aussetzen – egal ob er diese abgöttischen Erwartungen bewußt, unbewußt oder «nur aus Spaß» gepflegt hat.

Doch auch in diesen Fällen dürfen wir dämonisches Wirken nicht «lokalisieren». Es kann – als Folge solcher dämonischer Gemeinschaft – beim Christen zu den vielfältigsten Symptomen kommen wie Zwangsgedanken und anderen psychischen Störungen oder sogar körperlichen Krankheitssymptomen (die aber auch z.B. durch Drogenentzug auftreten können).

All diese Symptome können aber auch durch andere Sünden (nicht nur durch okkulte Abgötterei) hervorgerufen werden, oder organische Ursachen haben (z.B. Krankheiten im Gehirn und im Nieren- und Blasenbereich).

Wirkungen von Sünde im Leben des Gläubigen

«... ob ihnen Gott nicht noch Buße geben möchte zur Erkenntnis der Wahrheit und sie wieder nüchtern werden, aus der Schlinge des Teufels heraus, von welchem sie lebendig gefangen worden sind für seinen Willen» (2. Tim. 2,25+26). Eine erschütternde Feststellung, die Paulus hier trifft: Unnüchterne Christen können dermaßen in die Schlinge des Teufels geraten, daß sie von ihm gefangen werden für seinen Willen. Ein Christ, der praktisch statt den Willen Gottes den Willen des Teufels tut? Ja, dies kann durch Sünde (hier: Unnüchternheit) möglich werden! Sünde kann zur «Verstockung» führen (Hebr. 3,13) oder «im Glauben Schiffbruch» erleiden lassen (1. Tim. 1,19).

Jeder Christ weiß dies aus eigener Erfahrung: Sünde eröffnet dem Teufel die Möglichkeit, in besonderer Weise in unserem Leben zu wirken. Und wer in Sünden verharrt, wird dadurch zum «faden Salz» werden (Matth. 5,13).

Daß Sünde im Leben eines Gläubigen Satan und seinen Dämonen Wirkungsmöglichkeit gibt, sogar so weit, daß der Gläubige in seinem Handeln dem Teufel dienlich wird, darauf weisen zusätzlich folgende Bibelstellen hin:

«... ich will nicht, daß ihr Gemeinschaft habt mit den Dämonen» (1. Kor. 10,20).

«Gebet auch nicht Raum dem Teufel!» (Brief an die Epheser-Christen – Kap. 4,27).

«... damit er nicht der Schlinge des Teufels verfalle.» (1. Tim. 3,7)

«... denn schon sind etliche abgewichen, dem Satan nach.» (1. Tim. 5,15)

«... gebet auch nicht eure Glieder der Sünde hin als Waffen der Ungerechtigkeit!» (Brief an die Christen in Rom – Kap. 6,13)

«Petrus aber sprach: Ananias, warum hat der Satan dein Herz erfüllt...» (Apg. 5,3)

«Und habt keine Gemeinschaft mit den unfruchtbaren Werken der Finsternis...» (Eph. 5,11)

Beispiel: schizophrene Symptome

Schizophrene Symptome können in vielfältigen Erscheinungsformen auftreten und können (müssen aber nicht) Folge von dämonischer Besessenheit sein. Der Schizophrene kann beispielsweise toben, mit verstellter Stimme in anderen Sprachen sprechen, Gott lästern und sich selbst als Erlöser fühlen. Bekannte Symptome, die von dämonischer Besessenheit herrühren können.

Zu Symptomen der Schizophrenie kann es aber auch durch andere Ursachen kommen. In einem Fall lebte ein sympathischer Ehemann und Familienvater in einem außerehelichen Verhältnis mit einer anderen Frau. Zu Hause spielte er ganz den treuen Familienvater, im Zusammensein mit seiner Freundin ganz den potenten Liebhaber. Dieses Doppelleben rief eine gewaltige seelische Störung beim Ehebrecher hervor. Interessant in diesem Zusammenhang: Als dieser Ehemann umkehrte und seine Schuld Jesus Christus auslieferte, konnte er nach kurzer Zeit als «geheilt» entlassen werden. Es traten keinerlei derartigen Symptome mehr auf.

Lüge, Heuchelei, Selbstbetrug – all dies sind Sünden, die im Exzeß zu schizophrenen Symptomen führen können. Abgötterei bzw. okkulte Betätigung kann eine Sünde unter vielen sein, die ursächlich schizophrene Symptome hervorrufen können, wobei schizophrene Symptome auch rein biologische Ursachen haben können. Aber auch andere Sünden können ein Menschenleben soweit öffnen, daß gewaltiges dämonisches Wirken möglich wird.

Jede Sünde hat im Leben eines Menschen ihre Auswirkung. Okkultismus ist daher eine Sünde unter vielen anderen, die das Wirken Satans im Leben eines Menschen möglich macht.

Der Weg der Befreiung

Grundsätzlich zeigt uns die Bibel auf, daß ein Mensch, der sich Jesus Christus anvertraut, eine vollkommene Erlösung und Befreiung in Christus erfährt. Ohne Zusätze, ohne Wenn und Aber: *«Es gibt keine Verdammnis mehr für die, welche in Christus Jesus sind»* (Röm. 8,1). *«Wenn nun der Sohn euch frei machen wird, so werdet ihr recht frei sein!»* (Joh. 8,36) All diese Bibelstellen betreffen eindeutig den geistlichen Aspekt unseres Lebens. Vergleiche dazu folgende Bibelstellen:

Kol. 1,13+14: *«... welcher uns errettet hat aus der Gewalt der Finsternis und versetzt in das Reich des Sohnes seiner Liebe, in welchem wir die Erlösung haben durch sein Blut, die Vergebung der Sünden.»* Wir sind als Christen grundsätzlich errettet aus der Gewalt der Finsternis und haben Vergebung und Erlösung durch das Blut Jesu. Daran kann Satan nicht mehr rütteln.

Das Erbe des Christen, nämlich das ewige Leben, ist uns in Christus in vollkommener Weise geschenkt: *«Gelobt sei der Gott und Vater unseres Herrn Jesus Christus, der uns nach seiner großen Barmherzigkeit wiedergeboren hat zu einer lebendigen Hoffnung, durch die Auferstehung Jesu Christi von den Toten, zu einem unvergänglichen und unbefleckten und unverwelklichen Erbe, das im Himmel aufbehalten wird für euch»* (1. Petr. 1,3+4).

«Und ich gebe ihnen ewiges Leben, und sie werden in Ewigkeit nicht umkommen, und niemand wird sie aus meiner Hand reißen. Ich und der Vater sind eins» (Joh. 10,28–30).

(Vergleiche dazu auch die Bücher: «Wo hört die Gnade Gottes auf?» von Benedikt Peters, TELOS-Paperback Nr. 1308 und «Probleme mit Geborgenheit und Heilsgewißheit» von Walter Nitsche, TELOS-Taschenbuch Nr. 2532.)

Man darf vorangegangene Heilstatsachen, die die Erlösung der Seele und das ewige Leben zum Inhalt haben, nicht verwechseln mit «der Erlösung des Leibes» und was *damit* zusammenhängt. Paulus schreibt in Röm. 8,23: *«... auch wir selbst, die wir die Erstlingsgabe des Geistes haben, auch wir erwarten seuf-*

zend die Sohnesstellung, die Erlösung unseres Leibes.» Die Erlösung des Leibes steht noch aus. Daher hat jeder Christ immer noch mit seinem «Fleisch»[1] zu tun; daher kann auch ein Christ über sein «sündhaftes Fleisch» immer noch dämonisiert werden.

So heißt es auch in Gal. 5,16: *«Wandelt im Geist, so werdet ihr die Lüste des Fleisches nicht vollbringen. Denn das Fleisch gelüstet wider den Geist und den Geist wider das Fleisch.»* Auch beim Christen sind die «Lüste des Fleisches» nach wie vor vorhanden – nur kann der Christ in der Kraft Jesu diesem Drängen den Gehorsam verweigern. Wir sollen uns nämlich «der Sünde für tot halten, Gott aber lebendig in Christo Jesu» (Röm. 5,11). Dies ist echte Freiheit. Wer den Vers *«Wenn nun der Sohn euch frei machen wird, so werdet ihr recht frei sein.»* so auslegt, als sei er nach seiner Bekehrung frei von den «Lüsten des Fleisches», frei von der Versuchung der Sünde und somit frei von der Gefahr dämonischen Wirkens (durch die Sünde) in seinem Leben, irrt natürlich gewaltig.

Wer eine Leber-Schädigung hat, weil er vor seiner Bekehrung zuviel Alkohol getrunken hatte, der wird auch als Christ in der Regel mit seiner kaputten Leber leben müssen. Davon befreit Gott nicht. Allerdings ist ihm die Sünde der Trunksucht völlig vergeben worden, und ein Gesundungsprozeß kommt in Gang. Wer durch Rauchbestandteile, z.B. Teer, seine Lunge zugrundegerichtet hat, wird auch als Christ nicht sofort einen 5000m-Lauf absolvieren können – aber es kann (sofern dieser Christ in der Heiligung lebt) noch zu einem Gesundungsprozeß kommen.

Wie ein Mensch sein «Fleisch» gefüttert hat (z.B. durch Anschauen pornographischer Filme), so verschiedenen Anfechtungen und Versuchungen wird er in seinem neuen Leben als Christ ausgesetzt sein. Bei all diesen Sünden-Nachwirkungen gilt für einen Gläubigen die klare biblische Therapie:

1 Das «Fleisch» bezieht sich hier auf die sündige Natur des Menschen (Röm. 8,6); nicht auf den Körper des Menschen (Gal. 2,20 oder Eph. 6,12)

1. Einsicht in die Sünde

«Wenn wir sagen, wir haben keine Sünde, so verführen wir uns selbst...» *«Wenn wir aber im Lichte wandeln, wie er im Lichte ist, so haben wir Gemeinschaft miteinander, und das Blut Jesu Christi reinigt uns von allen Sünden. Wenn wir sagen, wir haben keine Sünde, so verführen wir uns selbst, und die Wahrheit ist nicht in uns.»* (1. Joh. 1,8+7)

2. Vergebung in Anspruch nehmen

«Wenn wir aber unsere Sünden bekennen, so ist er treu und gerecht, daß er uns die Sünden vergibt und uns reinigt von aller Ungerechtigkeit» (1. Joh. 1,9).

3. Buße tun (griechisch: *metanoia* = umkehren, umdenken!)

«Verändert euer Wesen durch die Erneuerung eures Sinnes (eurer Gedanken) *um prüfen zu können, was der Wille Gottes sei.»* (Röm. 12,2).

Dieses Umdenken umfaßt in der Regel die verschiedensten Bereiche beim Gläubigen: das Denken über Gott, über sich selbst, über die Stellung in Christus und vieles andere mehr. Hier ist oft auch seelsorgliche Handreichung und Wegweisung angebracht (Ermutigung, Annehmen, Begleiten).

4. Praktische Nachfolge im Herrn

Am Kreuz von Golgatha hat Jesus Christus grundsätzlich «alle Mächte entmachtet» (Kol. 2,14+15). Auf diese Basis soll sich nun ein Christ stellen und einen «Wandel im Geist» führen (vgl. auch Röm. 8). *«Ihr esset nun oder trinket oder was ihr tut, so tut alles zu Gottes Ehre.»* (1. Kor. 10,31) *«Und um das bitte ich, daß eure Liebe noch mehr und mehr reich werde an Erkenntnis und allem Empfindungsvermögen.»* (Phil. 1,9) *«Seid ihr nun* mit Christus auferstanden, so suchet, was droben ist...» (Kol. 3,1) etc.

Andere Therapien zeigt uns die Bibel nicht auf. Diese Feststellung ist äußerst wichtig, denn das Wort Gottes warnt uns eindeutig: *«Ihr sollt nicht über das hinausgehen, was geschrieben steht»* (1. Kor. 4,6). Wer wird wohl daran zweifeln, daß uns Gott alles, was für eine biblische Seelsorge (auch an okkult Geschädigten) nötig ist, in der Bibel offenbart?

Zur Frage der biblischen Seelsorge, wozu dann auch die praktischen Handreichungen gehören, die Hilfestellungen beim Umdenken, das Einüben schriftgemäßer Gewohnheiten usw., kann im vorliegenden Buch nur Grundsätzliches und Prinzipielles gesagt werden, da Beispiele aus der Praxis den Rahmen dieses Buches sprengen würden. Es sei hier aber auf zwei Bücher hingewiesen, die hierzu als praktische Weiterführung und Ergänzung dienen: «Versagen und innere Zerrissenheit» von Walter Nitsche, TELOS-Taschenbuch Nr. 2535, Berneck 1989 und «Wachsen oder stolpern?» von Jay Adams, TELOS-Taschenbuch Nr. 2534, Berneck 1989.

Keine Spezialbehandlung
bei okkulten Sünden

Dämonenaustreibung bei Gläubigen

Es herrscht in vielen christlichen Kreisen die Praxis, daß man Symptomen okkulter Sünde mit Dämonenaustreibung zu Leibe rücken will. Dazu werden viele Erlebnisse und Erfahrungen angeführt. Unser Maßstab muß aber – gerade bei solch heiklen Themen – allein das Wort Gottes sein. Hiezu ist zu bemerken:

Es gibt in der Bibel keinen einzigen Fall eines wiedergeborenen Menschen, bei dem ein Dämon ausgetrieben wurde.[1]

Dies sollte uns zu denken geben!

«Aber», gab mir ein solcher Seelsorger zu bedenken, «bei jenem Fall ist es doch ganz klar, daß dieser Christ erst dann seine Angstträume bekam, nachdem er sich den Film ‹Rosmaries Baby› angeschaut hatte.» Dazu ist zu sagen, daß wir ja die Tatsache, daß sich auch ein gläubiger Christ durch (auch okkulte) Sünde dämonischem Wirken öffnen kann, ebenfalls klar unterstreichen. Aber nun zu versuchen, des Problems durch eine Dämonenaustreibung Herr zu werden, ist ein sündhaftes, unbiblisches Vorgehen.

Auch bei den Folgen von okkulter Sünde kennt die Bibel nur eine Antwort: Umdenken, Umkehr, Vergebung in Anspruch nehmen und konsequente Jesus-Nachfolge (Wandel im Geist).

Greuelsünden

Oft wird gefragt, ob Okkultismus nicht eine «ganz besondere» Sünde sei, nämlich eine Greuelsünde, deren wir uns deshalb speziell annehmen müßten.

---

1   Auch in den Lehrbriefen findet sich keine solche Praxis! Im Johannesevangelium, das zu den letzten geschriebenen Büchern gehört und als das «Gemeindeevangelium» bekannt ist, finden wir keine Austreibung! In den Sendschreiben, die ja unter anderem die ganze Gemeindezeit darstellen, findet sich auch nichts in dieser Richtung, wohl ist von Satans Thron die Rede und vom «Erkennen der Tiefen Satans», nicht aber von Austreibung der Dämonen! Sämtliche Dämonenaustreibungen hatten Zeichencharakter und geschahen bei Ungläubigen.   B.P.

Gerade daran ist ersichtlich, wie man in recht einseitiger Weise nur das aus der Bibel herauslesen kann, was man will; denn zum einen steht nirgendwo geschrieben, daß die Greuelsünden einer besonderen seelsorglichen Behandlung bedürfen oder daß dafür der klar aufgezeigte biblische Weg der Vergebung und Befreiung nicht ausreichen würde, und zum andern werden auch die unten aufgeführten Dinge «Greuelsünden» genannt (nicht nur Okkultismus), ohne daß diese aber einer Spezialbehandlung bedürften.

Greuelsünden sind:

Das Essen des Dankopfers erst am dritten Tage (3. Mose 7,18 + 19,7);

Homosexualität (3. Mose 18,22 + 20,13);

Der sexuelle Umgang mit Tieren (V. 23);

Wenn die Israeliten, statt die Götzen der Heidenvölker zu verbrennen, sich des Goldes und Silbers dieser Götzen zu bemächtigen suchten (5. Mose 7,25);

Das Opfern eines fehlerhaften Rindes oder Schafes (5. Mose 17,1);

Unreine Tiere (5. Mose 14,3);

Okkultismus, Magie, Spiritismus (5. Mose 18,9ff);

Götzendienst (1. Kön. 11,5);

Blutgierige und falsche Menschen (Psalm 5,7);

Das Treiben der Gottlosen (Psalm 14,1);

«Wer auf Abwegen geht, ist dem Herrn ein Greuel» (Spr. 3,32);

«Diese sieben sind dem HERRN ein Greuel: stolze Augen, falsche Zunge, Hände, die unschuldiges Blut vergießen, ein Herz, das arge Ränke schmiedet, Füße, die behende sind, Schaden zu tun, ein falscher Zeuge, der frech Lügen redet, und wer Hader zwischen Brüdern anrichtet.» (Spr. 6,16–19);

«Falsche Waage ist dem HERRN ein Greuel» (Spr. 11,1);

«Falsche Herzen sind dem HERRN ein Greuel» (Spr. 11,20);

«Lügenmäuler sind dem HERRN ein Greuel» (Spr. 12,22);

«Der Gottlosen Opfer ist dem HERRN ein Greuel» (Spr. 15,8 + 21,27);

«Des Gottlosen Weg ist dem HERRN ein Greuel» (Spr. 15,9);

«Die Anschläge des Argen sind dem HERRN ein Greuel» (Spr. 15,26);

«Ein stolzes Herz ist dem HERRN ein Greuel» (Spr. 16,5);

«Wer den Schuldigen gerecht spricht und den Gerechten schuldig, die sind beide dem HERRN ein Greuel» (Spr. 17,15);

«Wer sein Ohr abwendet, um die Weisung nicht zu hören, dessen Gebet ist ein Greuel» (Spr. 28,9);

Das Räucherwerk des abtrünnigen Volkes Israel ist Gott ein Greuel (Jes. 1,13);

«Und er (Jesus) sprach zu ihnen (den Pharisäern): Ihr seid's, die ihr euch selbst rechtfertigt vor den Menschen; aber Gott kennt eure Herzen; denn was hoch ist bei den Menschen, das ist ein Greuel vor Gott» (Luk. 16,15).

Kann man bei einer solchen Fülle von biblischen Aussagen noch meinen, Okkultismus sei *die spezielle* Greuelsünde?! Lesen wir nüchtern die Bibel, kommen wir sicherlich nicht auf einen solchen Gedanken.

Todeswürdige Sünden

Oft wird die Meinung vertreten, okkulte Sünden seien deshalb speziell zu behandeln, weil schon das Alte Testament ihren besonderen Ernst dadurch zeige, daß Okkultismus die Todesstrafe zur Folge hatte. Eine Untersuchung der Gründe für die Todesstrafe macht aber deutlich, daß die Sünde des Okkultismus eine von vielen ist, die die Todesstrafe nach sich zog. Folgende den fünf Mosebüchern entnommene Aufstellung über die mit der Höchststrafe belegten Sünden macht das klar:

1) Mord. 1. Mose 9,6; 2. Mose 21,14; 4. Mose 35,33
2) Totschlag. 2. Mose 21,12
3) Menschenraub. 2. Mose 21,16
4) Verfluchen der Eltern. 2. Mose 21,17
5) Fahrlässig verschuldete Tötung. 2. Mose 21,29
6) Sodomie. 2. Mose 22,19
7) Sauerteig essen während des Festes der ungesäuerten Brote. 2. Mose 12,15
8) Fremden Göttern opfern. 2. Mose 22,20

9) Herstellen von Räucherwerk zum privaten Gebrauch. 2. Mose 30,38

10) Götzendienst. 2. Mose 32,15

11) Brechen des Sabbats. 2. Mose 35,2

12) In unreinem Zustand vom Friedensopfer essen. 3. Mose 7,20+21

13) Fett der Opfertiere selbst essen. 3. Mose 7,25

14) Blut essen. 3. Mose 7,27

15) Opfertiere anderswo als auf dem Altar Gottes schlachten. 3. Mose 17,3+4+8+9

16) Am 3. Tag nach der Schlachtung vom Friedensopfer essen. 3. Mose 19,8

17) Darbringung von Kindesopfer. 3. Mose 20,2

18) Ehebruch. 3. Mose 20,10

19) Verschiedene Formen der Blutschande. 3. Mose 20,11+12+14+17

20) Homosexualität. 20,13

21) Verkehr mit der menstruierenden Ehegattin. 3. Mose 20,18

22) Sich in unreinem Zustand den heiligen Dingen nahen. 3. Mose 22,3; 4. Mose 19,13

23) Sich am Großen Versöhnungstag nicht kasteien. 3. Mose 23,29

24) Am Großen Versöhnungstag arbeiten. 3. Mose 23,30

25) Lästern des Namens des Herrn. 3. Mose 24,13–16

26) Sich nach Verunreinigung nicht reinigen. 4. Mose 19,20

27) Abfall wider den Herrn reden. 5. Mose 13,5

28) Anreizen zum Dienen anderer Götter. 5. Mose 13,6–10

29) Tun, was böse ist in Gottes Augen, den Bund übertreten. 5. Mose 17,2–7

30) Weigerung, den Schiedsspruch des Priesters zu hören. 5. Mose 17,12

31) Falsche Zeugenaussage vor Gericht (in bestimmten Fällen). 5. Mose 19,16–21

32) Ungehorsam gegenüber den Eltern. 5. Mose 21,18–21

33) Hurerei. 5. Mose 22,20,21

Gegenüber dieser sehr langen Liste nimmt sich die Liste der Sünden, die die Todesstrafe aufgrund von Sünden des Okkultismus und Spiritismus verlangen, recht bescheiden aus:
1) Zauberei 2. Mose 22,18
2) Aufsuchen von Totenbeschwörern und Wahrsagern. 3. Mose 20,6
3) Totenbeschwörung und Wahrsagerei selbst betreiben. 3. Mose 20,27.

Ergänzend muß freilich gesagt werden, daß der Dienst an fremden Göttern, der mit dem Tod bestraft wurde, vielfach mit Sünden der Zauberei und der Magie verbunden war. Dennoch ist die Aufstellung eindrücklich: Sünde, sei sie speziell okkult-magischer Natur oder nicht, bringt den Zorn Gottes über den Menschen und damit den verdienten Tod. Aber von der Todesstrafe besondere Greuelsünden herleiten zu wollen, geht ganz offenkundig nicht.

Vererbte Belastung

Frage: Gibt es nicht auch eine okkulte Belastung von den Großeltern her (vgl. z.B. 2. Mose 20,5)?

2. Mose 20,5 nimmt Bezug auf ein «Bildnis, das man sich macht» und warnt dann: *«Bete sie nicht an und diene ihnen nicht; denn ich, der Herr, dein Gott, bin ein eifriger Gott, der da heimsucht der Väter Missetat an den Kindern bis in das dritte und vierte Glied derer, die mich hassen, und tue Barmherzigkeit an vielen Tausenden, die mich lieben und meine Gebote halten.»*[1]

Hier geht es vorrangig um Abgötterei, die ein Ausdruck des Hasses gegen Gott darstellt. Die Sünde wird Gott heimsuchen, genauso wie Er mit Seinem Segen jene «heimsucht», die Ihm gehorchen.

Wir müssen, um diese Aussage im Sinne Gottes besser verstehen zu können, allerdings weitere Parallelstellen lesen, um

---

1 Nur jene, die weiterhin Gott hassen, also seine Gebote übertreten, werden bestraft und heimgesucht: *bis ins dritte und vierte Glied* bei den (oder: an den) mich Hassenden; *an vielen Tausenden* bei den (an den) mich Liebenden.

nicht zu einer falschen Meinung zu kommen. Wo ist also noch von dieser Heimsuchung an Kind und Kindeskindern die Rede? Zum Beispiel in 4. Mose 14,18. Doch hier bezieht sich Gott auf das Murren der Kinder Israel über den Bericht der Kundschafter. Der Unglaube der Väter hatte zur Folge, daß auch die Nachkommen noch jahrzehntelang in der Wüste herumirren mußten, bevor sie das verheißene Land einnehmen konnten.

5. Mose 5,9 bezieht sich auf Götzendienst.

In 5. Mose 4,40: «*Darum beobachte seine Satzungen und Gebote ... so wird es dir und deinen Kindern nach dir wohl gehen...*» Hier ist also grundsätzlich von Gottes Geboten und Satzungen die Rede – nicht nur von Abgötterei oder Okkultismus.

Genauso verhält es sich mit 5. Mose 12,28: «*Behalte und befolge alle diese Worte, die ich dir gebiete, damit es dir und deinen Kindern nach dir wohl gehe ewiglich, wenn du tun wirst, was vor den Augen des Herrn, deines Gottes, recht und gefällig ist.*» Ein sündiges Vorbild verleitet die nachkommende Generation zu ähnlichem Sündigen. Auch geben wir – das sagen wir gerade mit großer Verantwortung als christliche Familienväter – unsere Götzen unseren Kindern weiter: Der Vater, der so lebt, als wäre sein schmuckes Auto oder das Geldverdienen ein gewisser sozialer Status, oder das Ansehen das Wichtigste im Leben, wird diese Wertvorstellungen unweigerlich seinen Kindern weiterreichen – egal wie seine frommen Worte dazu aussehen.

Genauso segensreich wirkt es sich aber auf die Nachkommen aus, wenn in einer christlichen Ehe Harmonie und Geborgenheit herrschen, wenn man nach dem Willen Gottes fragt und dem Herrn gehorsam ist, wenn man Sein Wort als verbindlichen Maßstab nimmt und in Liebe und Vergebung zueinander lebt.

Doch genausowenig, wie der Segen in magischer Weise auf die Nachkommen übergeht (sind die Kinder trotzdem ungehorsam, werden sie die Frucht ihres falschen Weges ernten müssen!), genausowenig wird auf den Nachkommen ein okkulter Fluch lasten, wenn die Kinder dem Herrn nachfolgen. (Bei Ungläubigen ist der Fall ja wiederum anders, da Satan mit den Seinen bis zu einem gewissen Grad machen kann, was er will. Es geht uns hier – um dies nochmals ausdrücklich festzuhalten – um Gläubige.)

Dazu sagt auch 1. Petr. 1,18: «Da ihr ja wisset, daß ihr nicht mit vergänglichen Dingen, mit Silber oder Gold, losgekauft worden seid von eurem eitlen, *von den Vätern überlieferten Wandel*, sondern mit dem kostbaren Blute Christi.» Vertraut sich ein Mensch Jesus Christus an, hat er geistlich gesehen einen «Stammbaumwechsel» vollzogen. Er stammt nun nicht mehr vom irdischen Menschen Adam und den natürlichen Vorfahren ab, sondern vom himmlischen Menschen – Jesus Christus (1. Kor. 15,47+48). Wie wird Gottes vollkommenes Erlösungswerk doch geschmälert, wenn wir diese biblisch nachdrücklich festgestellten Tatsachen unbeachtet lassen.

Dazu noch zwei alttestamentliche Stellen gegen die Theorie «okkulter Vererbung»: *«Die Väter sollen nicht um der Söhne willen sterben, und die Söhne sollen nicht um der Väter willen getötet werden; sondern ein jeder soll um seiner Sünde willen sterben»* (2. Kön. 14,6 und 5. Mose 24,16). *«In jenen Tagen wird man nicht mehr sagen: Die Väter haben saure Trauben gegessen, und den Kindern sind die Zähne stumpf geworden, sondern jedermann wird an seiner eigenen Missetat sterben; welcher Mensch saure Trauben ißt, dessen Zähne sollen stumpf werden. Siehe, es kommen Tage, spricht der Herr, da ich mit dem Hause Israel und mit dem Hause Juda einen neuen Bund schließen werde; nicht wie der Bund, den ich mit ihren Vätern schloß an dem Tage, da ich sie bei der Hand ergriff, um sie aus dem Lande Ägypten auszuführen; denn sie haben meinen Bund gebrochen, und ich hatte sie mir doch angetraut, spricht der Herr. Sondern das ist der Bund, den ich mit dem Hause Israel nach jenen Tagen schließen will, spricht der Herr: Ich will mein Gesetz in ihr Herz geben und es in ihren Sinn schreiben und will ihr Gott sein, und sie sollen mein Volk sein; und es wird niemand mehr seinen Nächsten oder seinen Bruder lehren und sagen: Erkenne den Herrn!, denn sie sollen mich alle kennen, vom Kleinsten bis zum Größten, spricht der Herr; denn ich will ihnen ihre Missetat vergeben und ihrer Sünde nicht mehr gedenken.»* (Jer. 31,29–34).

Wer das vollkommene Erlösungswerk Jesu erfaßt hat, dem ist klar, daß ein durch Jesus erlöster Mensch nicht durch einen Fluch seitens der Vorfahren gebunden oder belastet sein kann. Dies würde der Vollkommenheit der Erlösungstat absolut widersprechen. Das Ganze hat nichts damit zu tun, daß sich ein Christ gesinnungsgemäß auch unter die Kollektivschuld seines Volkes oder seiner Familie beugen soll, wie wir es beispielsweise bei Nehemia sehen. Doch nirgendwo im Neuen Testament werden wir dazu aufgefordert, die «Sünden der Vorfahren» zu bekennen (und sie deshalb vielleicht erst zu erforschen und – vielleicht durch Dämonenauskünfte – zu ergründen).

Vererbt sein kann das schlechte Vorbild, oder die damit zusammenhängenden sündhaften Gewohnheiten und Denkweisen, von Eltern, die sich okkulten Praktiken zugewendet haben. Doch auch diese irreführenden Vorbilder werden ja durch den Gesinnungswandel durch das Umdenken *(metanoia)* grundsätzlich geklärt.

Natürlich können auch bei diesem Thema Christen – aufgrund ihrer Denkweise oder falschen Glaubenshaltung – durch gewisse Erfahrungen und Erlebnisse in ihrem unbiblischen Denken bestärkt werden.

«Unser Ältester (Sohn) war damals erst vier Jahre alt, aber er zeigte eine tiefe, unnatürliche Abwehr allem Geistlichen gegenüber. Wenn ich ihm eine biblische Geschichte erzählte, drehte er sich im Bett zur Wand...» Die Missionarsfrau erzählte dann, daß sie eines Tages nach dem morgendlichen Tischgebet aufschaute und plötzlich im Gesicht ihres Buben die Züge ihres Großvaters und Onkels erblickte. *«Und augenblicklich erinnerte mich der Geist Gottes daran, daß nach Erzählungen meiner Mutter dieser Großvater einen Freund hatte, der das zweite Gesicht besaß und als ‹Heiler› bekannt war. Auch mich hatte er als Kleinkind einmal geheilt. Plötzlich stand es klar vor mir: Unser eigenes Kind – das Kind von gläubigen Missionaren! – litt unter dem Fluch Gottes ‹bis ins dritte und vierte Glied› ...»* Nachdem sich die Missionarsfrau durch dieses verführerische Erlebnis vom Herrn der Finsternis beschwindeln ließ – statt auf Gottes Wort zu achten – folgten dann auch unbiblische Überzeugungen und fragliche Lehren: *«Es scheint so, als ob dämonische Belastungen beim ersten Kind in besonderer Weise auftreten.»*

Auch Missionare, die in vielen Bereichen in gesegneter Weise von Gott gebraucht werden, können auf einem Gebiet irren und damit zu falschen Wegweisern werden: Der oben zitierte

Missionar bekennt sich beispielsweise zum Kreis der «Dämonen-Befrager» und schreibt:

«Eine solche Person kann sich auch gegen Jesus Christus wehren, indem sie das Bewußtsein verliert. – In einem solchen Fall müssen wir die Geister im Namen Jesu ins Bewußtsein zurückrufen. Wenn die Geister den Besessenen körperlich quälen, wenn sie aus ihm sprechen oder den Diener des Herrn anzugreifen versuchen, ist der Sieg sehr nahe! Es ist noch besser, wenn sie ihren Namen offenbaren müssen, denn dann müssen sie einer nach dem anderen ausfahren...»

Bekenntnis vor «vollmächtigem Seelsorger»

Oft wird die Frage gestellt: *Muß okkulte Sünde nicht notwendigerweise ans Licht kommen und vor einem vollmächtigen Seelsorger bekannt werden?* (Vergleiche dazu: Jak. 5,16).

In Jak. 5,16 steht geschrieben: «So bekennet denn einander die Sünden und betet füreinander, damit ihr geheilt werdet» (oder: «damit ihr gesundet»).

Bekenntnis

Man soll nicht deshalb einander Sünden bekennen, damit diese vergeben werden können (das würde der irrigen Auffassung katholischer Beichte und Absolution entsprechen), sondern man soll einander seine Sünden deshalb bekennen, damit man gesundet, damit ein Heilungsprozeß eingeleitet werden und man füreinander gezielt beten kann. Erstens gilt auch diese Aufforderung nicht nur für okkulte Sünden, und zweitens berührt diese Aufforderung nicht die Frage der vollkommenen Sündenvergebung, die man allein in Christus Jesus hat (vgl. Röm. 8,1 und 1. Joh. 1,9). Diese Aufforderung in Jak. 5,16 ist eine seelsorgliche Hilfe für betroffene Christen.

Ein Beispiel dazu: Ein junger Mann hatte sich vor seiner Bekehrung verschiedene Dinge angeeignet, die ihm nicht gehörten. In seinem Keller hatte er sich eine ganze Werkstatt eingerichtet, die zu 90% aus Diebesgut bestand. Die Sünde des Dieb-

stahls wurde ihm vergeben, als er diese dem Herrn bekannte und
von seinen sündhaften Wegen umkehrte. Daß nun aber immer
noch massenweise Diebesgut in seinem Keller herumstand, be-
schäftigte den jungen Christen sehr und raubte ihm den Schlaf.
Außerdem merkte er, wie sein Empfinden in bezug auf persönliches Eigentum durch das häufige Sündigen stumpf geworden
war. So hatte er die Gewohnheit, auf Firmenkosten private Tele-
phongespräche zu führen, während der Arbeitszeit private Aktionen zu unternehmen, das Finanzamt zu hintergehen etc. In
diesem Bereich lagen also tiefsitzende Störungen vor. Seine Sünden bekannte er nun einem reifen Christen, der ihm Hilfestellung gab (Rückgabe des Diebesgutes, Eingewöhnung biblischer
Verhaltensweisen in der Firma u.a.) und für ihn betete. Dadurch
begann bei diesem jungen Christen ein Gesundungsprozeß im
Bereich seines gestörten Verhältnisses zu fremdem Eigentum.

Weitere Beispiele könnten angeführt werden, wo Christen
seelsorgliche Hilfe in Anspruch nahmen, um in gewissen Bereichen ihres Lebens zu gesunden. Wenn ein solcher Christ aber
glaubte, dieses Bekenntnis vor Menschen sei ein Mittel, um persönliche Vergebung der Schuld zu erfahren, wäre dies ein Irrglaube, der das vollkommene Erlösungswerk Jesu leugnen würde, wie auch das Versprechen Jesu, völlige Vergebung demjeni-
gen zu gewähren, der zu Ihm (nicht zu einem menschlichen
Mittler – auch wenn es ein christlicher Seelsorger ist) kommt
und sein Vertrauen auf Ihn setzt. Leider denken hier viele Christen unbiblisch und wundern sich dann, warum sie die Frucht
ihres Unglaubens (kein Vertrauen auf Gottes Wort, sondern auf
Beichte oder auf Seelsorge) bitter kosten müssen, und sie weiterhin von der Schuldenlast niedergedrückt werden.

Diese Warnung bezieht sich natürlich nicht auf den wichtigen Aspekt, daß eine biblisch fundierte Aussprache und Seelsorge manch einem hilft, seine Sünde erst richtig zu erkennen,
vor Gott zu bekennen und zu *lassen* (vgl. Spr. 28,13).

«Vollmächtiger Seelsorger»

Jak. 5,16 sagt nicht, daß man zum Sündenbekennen zu einem

«vollmächtigen Seelsorger» zu gehen hat, sondern daß man – als hilfreiches Angebot – einander die Sünden bekennen kann. Hier geht es also um Christen, die selbst bereit sind, im Lichte Gottes zu stehen (eine Folge geistlicher Reife natürlich) und somit zu echten Seelsorgern für andere werden. Eph. 4,16 unterstreicht diese Tatsache: «*Christus, von welchem aus der ganze Leib, zusammengefügt und verbunden durch alle Gelenke, die einander Handreichung tun nach dem Maße der Leistungsfähigkeit jedes einzelnen Gliedes, das Wachstum des Leibes vollbringt.*»

«Gibt es aber nicht Männer Gottes», so lautet oft ein fragender Einwand, «die die Gabe haben, Dämonen auszutreiben, und sind es dann nicht doch von Gott begnadete Spezialisten, also Christen, die diesen Dienst in besonderer Weise tun können? Es hat ja auch nicht jeder die Gabe zum Predigen oder zum Lehren. Warum können dann nicht besonders ausgerüstete Christen die spezielle Gabe haben, Dämonen auszutreiben?»

Wie wir bereits gesehen haben, ist es unbiblisch, bei Gläubigen Dämonen auszutreiben. (Das Dämonenaustreiben geschah in der Bibel stets bei Ungläubigen und hatte vermutlich sogenannten «Zeichencharakter».) Gott wird aber keinen Christen mit etwas ausrüsten, das letztlich sündhaft ist, genausowenig, wie es eine göttliche Gabe ist, eine Bank perfekt auszurauben.

Es gibt selbstverständlich Christen, die von Gott besonders ausgerüstet sind, um das Evangelium zu predigen oder auch um seelsorgliche Hilfestellung zu geben.[1] Ein solcher Seelsorger hält sich aber um so mehr an biblische Therapien (wie oben erwähnt) und wird unbiblische Praktiken ablehnen (wie z.B. Dämonenaustreiben bei Gläubigen). Außerdem ist Vollmacht nicht einfach eine «Gabe Gottes», sondern man empfängt sie durch Gehorsam an das Wort Gottes.

Es gibt Seelsorger, die fast schon den Stand eines «Heilsmittlers» einnehmen. Infolgedessen erwartet der Ratsuchende vor allem durch diesen Seelsorger Hilfe. Klappt es nicht wie erwartet, macht man sich auf die Suche nach einem «noch vollmächtigeren» Seelsorger. Das Vertrauen des Leidenden wird (letztlich durch Satan) immer mehr auf Menschen gerichtet statt auf Jesus

---

1 vgl. 1. Kor. 12,7ff und Röm. 12,8 (Barnabas=«Sohn des Trostes»=sicherlich ein guter Seelsorger).

Christus, dem «alle Macht gegeben ist, im Himmel und auf Erden» (Matth. 28,18).

Auch diese Warnung soll sich nicht gegen die Tatsache wenden, daß Gott seine ausgesuchten Werkzeuge besonders gebraucht und seelsorglich (biblisch-fundierte) befähigte Christen auch intensiv einsetzt.

Befragen von Dämonen

Ein weiterer Einwand lautet manchmal: *«Wenn in der Okkult-Seelsorge die Dämonen befragt werden, so müssen sich diese oft konkret äußern, und da wird doch praktisch klar, daß sehr wohl noch Geister der Vorfahren vorhanden sein und auch andere okkulte Dinge ein Einfallstor für Dämonen darstellen können.»*

Dazu ist zu sagen: Das Befragen von Dämonen findet man genausowenig in der biblischen Seelsorge an Gotteskindern wie die dementsprechende Dämonenaustreibung. Wenn in Mark. 5,9 Jesus die Dämonen fragt, wie sie heißen, und die Dämonen antworten «Legion», dann muß man dabei beachten, daß

a) Jesus nicht deshalb fragt, weil Er es nicht gewußt hätte, sondern weil Er uns damit etwas über die Wirklichkeit von Dämonen hat zeigen wollen;

b) was Jesus in göttlicher Allmacht getan hat, wir noch lange nicht nachahmen dürfen. (Niemand meint doch, weil Jesus Apostel erwählt oder Sein Leiden und Sterben prophezeit hat, dürften Christen dies auch versuchen.)

c) Jesus hier keine biblische Therapieanweisung für Gläubige gibt;

d) Jesus keine langen Gespräche mit ihnen führt.

In der praktischen Okkult-Seelsorge werden oft die Dämonen über die ursächlichen Sünden befragt, damit diese ans Licht kommen mögen. Die Bibel gibt hiezu kein einziges Beispiel! Im Gegenteil: Gottes Wort sagt, daß der Heilige Geist von Sünde überführt (Joh. 16,8) und nicht Satan (und seine Dämonen). Dieser wird nämlich eindeutig «Lügner» genannt (Joh. 8,44).

Wer also in der Dämonen-Befragung glaubt, was die Dämonen einem mitteilen, der glaubt nach biblischem Urteil der Lüge.[1]

---

1 Auch Cyprian spricht im Zuge einer Beweisführung, die belegen will, die Götter der Heiden seien nichts als Dämonen, noch um das Jahr 250 n.Chr., von den christlichen Dämonenheilungen (ad Demetr. 15). Die bei den Heilungen von den Dämonen ausgesprochenen Worte werden dabei ganz ernst genommen (das war nicht die einzige biblisch nicht begründbare Anschauung Cyprians!): «O wenn du die Dämonen hören und in jenen Momenten sehen wolltest, wenn sie von uns beschworen, mit geistlichen Geißeln gequält und durch folternde Worte aus den besessenen Leibern ausgetrieben werden, wenn sie, mit menschlicher Stimme heulend und ächzend und durch göttliche Macht die Geißelhiebe und Schläge empfindend, das kommende Gericht bekennen müssen. Komm und sieh, daß es wahr ist, was wir sagen. Und weil du sagst, daß du so sehr die Götter verehrst, so glaube doch wenigstens denen selbst, die du verehrst ... du wirst sehen, daß wir angefleht werden von denen, die du anflehst, gefürchtet werden von denen, die du anbetest. Sehen wirst du, wie diejenigen unter unserer Hand gebunden stehen und als Gefangene zittern, zu denen du aufschaust und sie verehrst wie Despoten. Hier wirst du sicherlich in deinen Irrtümern zuschanden gemacht, wenn du siehst und hörst, wie deine Götter auf unsere Frage sogleich kundtun, was sie sind, und selbst in eurer Gegenwart jene ihre Blendwerke und Trügereien nicht verheimlichen können.»
B.P.

45

Das magische Denken

Das magische Denken ist ein gewaltiges Einfallstor Satans beim gläubigen Christen.

Was sind die Hauptmerkmale eines magischen, unbiblischen Denkens? Zuerst läßt sich feststellen, daß sich der Magier übernatürlicher, fremder Mächte bedienen will, um damit zu wirken. Ferner verbindet die Magie diese übernatürlichen Mächte mit sichtbaren Gegenständen, Formeln, Zeichnungen oder Handlungen. Das Kerndenken davon ist, daß man glaubt, Materie sei «beseelt», z.B. von Dämonen (Animismus). Der naive Magier konzentriert sich beispielsweise auf einen okkult gebrauchten Gegenstand und erwartet, daß eine übernatürliche Macht entweder dadurch wirkt oder sich sogar darin niederläßt. In einfacher Weise sehen wir dies – wie anfangs erwähnt – beim Aberglauben. Der Glückskäfer, den man sich um den Hals hängt, soll vor Gefahr oder Krankheit schützen. Man erwartet also übernatürliche Wirkungen durch einen Gegenstand. Ein anderer sprengt bei einem Unwetter Weihwasser an die Wände seiner Wohnung und hofft, dadurch (durch «geweihtes Wasser») würde göttliche Macht zur Geltung kommen und vor Blitzeinschlag und ähnlichem bewahren. Ob ein Mensch also einen Schornsteinfeger in seinem Auto hängen hat und glaubt, dadurch habe er (mindestens ein wenig) Glück, der sündigt genauso durch sein magisch-irrgläubiges Denken wie ein religiöser Mensch, der eine Christophorus-Plakette in seinem Auto kleben hat. Der religiöse Mensch verbindet nämlich seine Erwartungen auf göttliche (übernatürliche) Hilfe genauso mit dem Gebrauch von Gegenständen, Symbolen oder Bildern. Es ist letztlich magisches Denken, wenn man glaubt, segensreiche oder negative Wirkungen würden durch Gegenstände oder Handlungen zur Geltung kommen.

In Süditalien trifft man viele Leute, die sich vor «dem bösen Blick» schützen wollen und ein Kreuzzeichen über Stirn und Brust schlagen. Oder ein Skispringer bekreuzigt sich vor seinem Sprung von der 90 m-Schanze und meint, durch diese Handlung würde er sich besonders unter den Schutz Gottes stellen. Dies alles ist sündhaftes, magisches Denken, das wir bei den Christen in der Bibel nie finden.

Glückszeichen werden zu Unglückszeichen

Das extreme Beispiel einer Frau, die sich zu Jesus bekehrt hatte: «Ich gab früher sehr viel auf Dinge wie glückbringendes Kleeblatt, Glückspfennig, Daumendrücken, Glückskäfer usw. Als ich gläubig wurde, erkannte ich, daß dieser Irrglaube Sünde vor Gott ist, und ich warf alle Maskottchen weg. Nie mehr wollte ich mich solcher dämonischer Dinge bedienen. Ich vermied jeglichen Umgang mit solchem Zeug. Kürzlich kam meine Tochter von der Schule nach Hause, und ich entdeckte, daß sie von irgend jemandem ein Lineal geschenkt bekommen hatte. Darauf waren lauter Glückszeichen abgebildet (Schornsteinfeger, Glückskäfer, vierblättriges Kleeblatt). Ich erschrak zutiefst. War meine Familie dadurch nun wieder verunreinigt, waren wir wieder dämonisch belastet?»

Bei diesem Beispiel sehen wir die Gefahr magischen Denkens für einen Christen: Was man früher als Glückszeichen angenommen hat, wird nun einfach zum Unglückszeichen. Das Denken bleibt hier aber letztlich magisch; denn so wenig ein vierblättriges Kleeblatt an sich positive Auswirkungen hervorrufen kann (angebliches Glück kommt ja dann nur dadurch, daß man mit seinem Glauben an das Kleeblatt dämonischen Kräften - die bereitwillig helfend wirken können - eine Tür öffnet), genausowenig kann das vierblättrige Kleeblatt an sich negative oder dämonische Auswirkungen hervorrufen. Nur wenn das Kleeblatt wiederum in magischer, sündhafter Weise betrachtet wird (eventuelle dämonische Wirkungen durch einen Gegenstand), kann Satan wirken - nicht durch das Kleeblatt, sondern durch das sündhafte Denken.

Ein Mann erzählte mir, er hätte eine seelische Last so lange verspürt, bis er schließlich in seinem Bücherregal ein okkultes Buch entdeckt und dieses verbrannt hatte. Ist das nicht ein Beweis für die negativen Wirkungen okkulter Gegenstände? Nein.

Die seelischen Belastungen und die damit zusammenhängenden Probleme kamen sicherlich nicht durch die Präsenz des okkulten Buches im Bücherschrank, sondern durch das magische, sündhafte Denken, das diesen Mann kennzeichnete. Durch sein Gefühlserlebnis (Befreiung von einer seelischen Last nach Fortwerfen eines Buches) wurde er in seinem magischen, sündhaften Denken letztlich nur bestätigt.

Interessanterweise erzählte dieser Mann noch, daß er mit größtem Unbehagen und unter fortwährendem Aussprechen des Namens Jesu (also mit großer unnüchterner Angst aufgrund seines magischen Denkens) das Buch ins Feuer eines Herdes in seiner Kellerwerkstatt geworfen und daß dieser Herd dann fürchterlich gekracht und gezischt habe. Auch das ist kein Beweis, daß in diesem Buch vielleicht Dämonen saßen, sondern zeigt allenfalls, welchen Spuk der Teufel aufführen kann, wenn er durch magisches Denken die Möglichkeit dazu erhält.

Wenn ich okkulte Gegenstände wegwerfe (oder, wie die Epheser in Apg. 19, okkulte Bücher öffentlich verbrenne), dann als Zeugnis, daß ich mit dem okkulten Irrglauben nichts mehr zu tun haben möchte. Aus *diesem Grund* ist es natürlich auch angebracht, in seinem persönlichen Bereich aufzuräumen und okkulte Bücher oder Gegenstände zu vernichten. Nicht aber, um dadurch Dämonen aus dem Haus jagen zu wollen.

«Beseelte Materie»

Die okkulte Praxis des «Besprechens» zeigt dieses magische Denken auf: Lebewesen oder Gegenstände werden mit übernatürlichen Wirkungen belegt, die Materie soll irgendwie «beseelt» werden. Christen sollten dieses Denken gründlich ablegen. Wenn ein Christ einen Landwirt besucht, der über der Pforte zu seinem Kuhstall als Glückszeichen ein Hufeisen hängen hat, so kann der Christ völlig bedenkenlos durch diese Pforte gehen. Das Hufeisen selbst hat keinerlei Wirkung – weder eine positive noch eine negative. Erst durch persönliche Erwartungen bezüglich solcher Gegenstände können (aufgrund dieses Irrglaubens) Dämonen mobilisiert werden.

Würden Sie mich zu einem Tee einladen und mir nach Genuß

desselben mitteilen: «Über dem Tee ist aber gependelt worden und man hat ihn besprochen», so würde mich dies völlig kalt lassen, denn Tee ist Tee und keine Wohnung für Dämonen, die dadurch nun vielleicht in meinen Magen gedrungen sind (vgl. auch 1. Kor. 10,25–30). Würden Sie mir vorher aber sagen: «Über dem Tee wurde gependelt, deshalb ist er für Sie besonders gesund», dann würde ich ihn nicht trinken, um Ihnen damit Zeugnis zu geben, daß ich mit einem solchen Denken nichts gemeinsam habe.

Die Meinung, daß ein Christ beim Trinken eines heimlich besprochenen oder ausgependelten Tees belastet werden könne, wird heute oft durch Beispiele aus der Okkult-Seelsorge belegt: Die Dämonen hätten dies bei der Befragung zugegeben, daß sie durch das Trinken eines okkulten Tees Wohnung im Gläubigen gefunden hätten. Wer die verführerischen, unbiblischen Prinzipien einer «Okkult-Spezial-Seelsorge» erkannt hat, dem sind diese dämonischen Erklärungen inzwischen einleuchtend: Satan belügt die Okkult-Seelsorger (und die verführten Ratsuchenden), indem er ihr magisches, sündhaftes Denken durch solche Beispiele bestätigt.

Mögen wir doch auch hier mit Paulus sagen können, daß uns die Angriffe und Verführungstaktiken Satans «nicht unbekannt sind» (2. Kor. 2,11).

Es wird oft auch gefragt, ob man die von Anthroposophen hergestellten «Weleda»-Produkte gebrauchen dürfe, oder ob man durch diese «okkult belastet» werde. Ich gebrauche sie nicht, aber einzig deshalb, um eine Firma, die mit ihren Produkten auch eine unbiblische Weltanschauung verkauft, nicht moralisch und finanziell zu unterstützen; oder – nach außen hin – als Zeugnis, daß ich *nicht* auf die «verborgenen Segnungen» durch okkulte Praktiken vertraue und diese ablehne.

Können okkulte Gegenstände nicht doch eine Wirkung auf einen Gläubigen haben?

Von manchen festgestellte und erfahrene Wirkungen müssen nicht vom Gegenstand selbst ausgehen; denn es gibt noch andere Möglichkeiten:

a) direktes dämonisches Wirken

Satan wirkt selbst, wobei er einen Gegenstand in den Mittelpunkt des Interesses stellt, um dadurch das Vertrauen oder die Angst des Angefochtenen auf die Materie, also auf den Gegenstand zu lenken. Satans Verführungskünste stellen eine Scheinrealität dar. Es sieht so aus, als ob Materie beseelt wäre.

b) mögliches dämonisches Wirken durch Sünde

Hält ein Gläubiger innerlich an einem okkulten Gegenstand fest – was fehlender Bereitschaft, wirklich mit okkulter Sünde zu brechen, gleichkommt – so herrscht im Leben dieses Gläubigen bewußte Sünde, Sünde aber ist immer ein offenes Tor für dämonisches Wirken. Also auch bei dieser Möglichkeit wäre nicht die Materie dämonisch beseelt, sondern Sünde ermöglicht dämonisches Wirken.

c) Assoziationen

Ein ehemaliger Alkoholiker wird den Genuß von Wein meiden, König David das Bildnis einer nackten, badenden Schönheit – und zwar weil beides für die Betroffenen Assoziationen (Gedankenverbindungen) hervorruft; oder mit anderen Worten: Beides stachelt bei diesen Betroffenen das sündhafte Fleisch an und fördert nicht die neue Kreatur, stärkt nicht den «lebendig gemachten Geist» (Eph. 2,5). Deshalb wird ein ehemals okkult Tätiger nun als Christ auch sämtliche okkulten Gegenstände entfernen, damit beim Anblick derselben das sündhafte Fleisch (das Lust hat zur Sünde, hier spezielle Lust nach Okkultismus) nicht angestachelt wird. Auch in diesem Fall geht nicht von der Materie selbst dämonisches Wirken aus, sondern von einem (durch die Gegenstände und die damit zusammenhängenden Phantasien) begehrlich gemachten Fleisch.

Ein mir bekannter Christ hört sich beispielsweise keine Volksmusik (Blasmusik) mehr an, weil er in seinem alten Leben während solcher Klänge Unzucht getrieben hatte. Um sein Fleisch nicht zu reizen, vermeidet er hinfort diese Art von Musik, denn es hätte eine Wirkung auf ihn – nicht die Musik an sich, sondern die Assoziationen, die sie hervorruft. Ähnlich kann es auch bezüglich okkulter Gegenstände sein.

Magisches Denken und Erwartungshaltung

Als der auf dem Wasser wandelnde Jesus seinen Jünger Petrus aufforderte, aus dem Boot zu steigen und zu ihm zu kommen, kam Petrus dieser Aufforderung nach, mit der *Erwartungshaltung*, daß Jesus ihm das Gehen auf den Wellen ermöglichen werde – so geschah es auch. Als Petrus dann seinen Blick von Jesus wegrichtete, um auf Wind und Wellen zu schauen, änderte sich damit auch seine Erwartungshaltung – und er begann zu sinken.

Durch unsere Erwartungshaltung bringen wir unser Vertrauen zum Ausdruck. Wem eine schwarze Katze über den Weg läuft, der erwartet (vielleicht nur unbewußt) aufgrund seines abergläubischen Denkens ein Unglück. Satan bekommt dadurch das Recht, ein solches zu inszenieren, um den Irrglauben zu stärken.

Gläubige Seelsorger und Prediger haben mir geschildert, wie klar es ihnen sei, «daß nach einem Vortrag gegen Okkultismus oder nach einer Seelsorge, bei der dämonisch belastete Menschen frei werden, dämonische Angriffe erfolgen». Dies sei ein Beweis dafür, wie sehr man das Reich Satans getroffen habe.

Die angebliche oder wirkliche Reaktion Satans liegt an der Erwartungshaltung. Der Okkult-Seelsorger sucht für sein biblisch nicht begründbares Handeln eine anderweitige Bestätigung und bekommt sie in der nach erfolgter «Seelsorge» hereinbrechenden satanischen Anfechtung.

Natürlich können – trotz biblischer, christuszentrierter Erwartungshaltung – Dämonen wirksam werden. Dies ist als dämonische Anfechtung einzustufen, und ihr ist entsprechend zu begegnen, indem man sich an den lebendigen Herrn Jesus Christus wendet, Ihn anruft, um in Seiner Kraft und mit Seiner Hilfe dem Satan zu widerstehen. Ein Christ kann aber sehr betrogen werden, wenn er sich in unbiblischer Gesinnung mit dem Bereich des Okkulten auseinandersetzt und in einer entsprechenden Erwartungshaltung steht.

Das Lossagegebet

Das magische Denken betrifft nicht nur «beseelte Gegenstände», sondern schreibt auch gewissen Handlungen und Formeln übernatürliche Wirkungsweisen zu. So müssen wir uns auch die Frage stellen: *Ist dann auch das Lossagegebet und das Lösen und Binden nach Matth. 18,18 unbiblisch?*

Auch hier muß man zuerst festhalten: Gott schaut primär das Herz der Menschen an, die sich Ihm zuwenden. Objektiv betrachtet finden wir in der Bibel kein Lossagegebet als spezielles Gebet bei okkulter Schuld. Wenn ein Mensch im Sinne seiner vollzogenen Umkehr mitteilt, daß er mit seinen okkulten Betätigungen nichts mehr zu tun haben will, ebenso mit seinen Lügereien, Angebereien oder Ausschweifungen, dann entspricht dies zweifellos dem Ausdruck einer biblischen Umkehr.

Im Sinne einer «Absage» ist eine «Lossage» also angebracht – und erforderlich.

Die Epheser, die in großem Ausmaß okkulte Sünden betrieben hatten, bekannten daher in Apg. 19 öffentlich ihre Sünden und *«trugen die Bücher zusammen und verbrannten sie öffentlich».* Heute wird in vielen Kreisen allerdings ein sogenanntes Lossagegebet sakramental (d.h. gnadenvermittelnd) gebraucht. Dahinter steht eine unbiblische Gesinnung.

Wer Matth. 18,18 im Zusammenhang liest, wird nicht auf die Idee kommen, daß es hier um die Lösung von okkulter Gebundenheit geht. Ist es nicht seltsam: Die einen wenden diese Worte des Bindens und Lösens auf die Eheschließung (sakramentale Auffassung der Ehe in der Katholischen Kirche), die anderen auf Okkult-Seelsorge an. Der Text redet aber m. E. grundsätzlich von *Gemeindezucht* (was natürlich nicht heißt, daß die folgenden Verse nicht auch einen umfassenderen Rahmen ansprechen können [wie z.B. Vers 20]). Wenn also Okkult-Seelsorger ihre Praktiken durch diese Verse zu legitimieren suchen, ist dies ein Mißbrauch des Bibelverses.

Gerade hier kommt das unbiblische, fast magische Denken mancher Okkult-Seelsorger zum Ausdruck: Das Blut und die Erlösung in Christus reichen zur vollkommenen Erlösung nicht aus. Da braucht es als Zusatz noch ein menschliches Lösen. Und genau hier schwingt sich der Seelsorger zu einer Art «Erlösungsmittler» auf (denn jene, die das Pech haben, keinen solchen «Loslöser-Seelsorger» zu kennen, müssen wohl oder übel mit ihren Belastungen weiterleben...).

Den «Starken» binden und von ihm lösen kann nur Jesus Christus (vgl. Matth. 12,29 und Luk. 13,16) – ohne menschliche Vermittlung! Wer meint, daß ihn die Tatsache, daß Jesus «bindet und löst» dazu berechtige, dasselbe zu tun, ähnelt dem römisch-katholischen Priester, der die Tatsache, daß Jesus Sünden vergibt, ebenfalls dazu mißbraucht, um als Mittler dieser Vergebung (Sakrament der Buße –, Beicht- und Absolutionspraxis) aufzutreten. Hier kann man die große Gefahr erkennen, daß die Okkult-Seelsorger als eine Art neue «Priesterklasse», als «Gnaden-Vermittler», angesehen werden.

Woher kommt mir Hilfe?

Auch in der biblischen Seelsorge an okkult belasteten Menschen gilt unsere Frage: «Woher kommt mir Hilfe?» (Ps. 121,1) Und erneut lautet die einzig richtige Antwort: «Meine Hilfe kommt vom Herrn, der Himmel und Erde erschaffen hat» (Vers 2).

Auch hier gilt es, Angebote abzulehnen (auch wenn sie von Glaubensgeschwistern dargereicht werden), die das alleinige Vertrauen auf die vollkommene Erlösungstat relativieren:

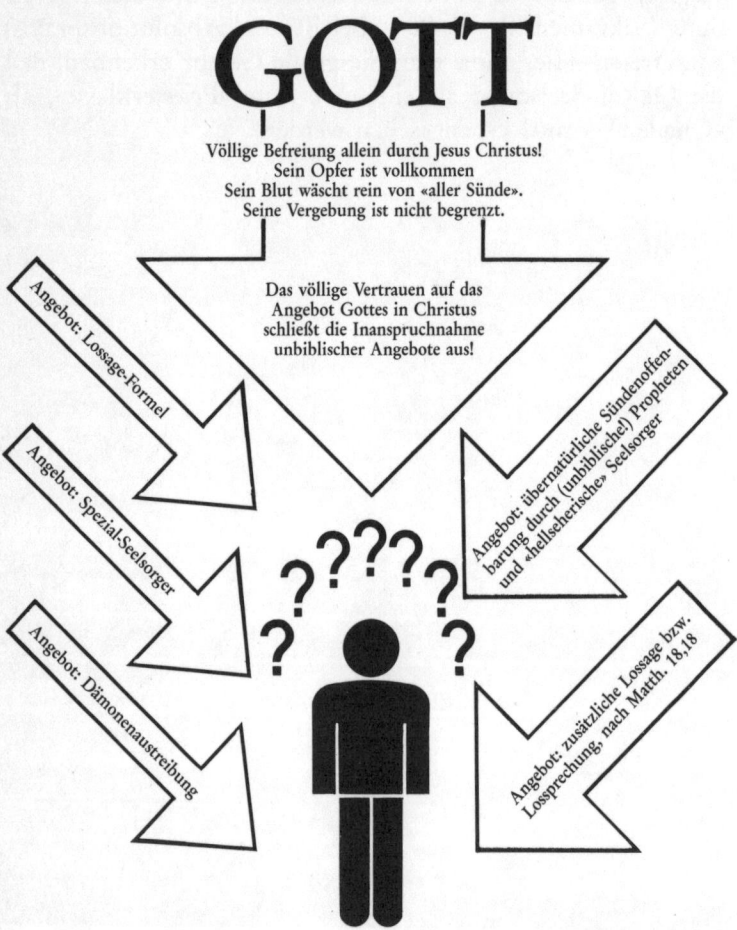

GOTT

Völlige Befreiung allein durch Jesus Christus!
Sein Opfer ist vollkommen
Sein Blut wäscht rein von «aller Sünde».
Seine Vergebung ist nicht begrenzt.

Das völlige Vertrauen auf das Angebot Gottes in Christus schließt die Inanspruchnahme unbiblischer Angebote aus!

Angebot: Lossage-Formel

Angebot: Spezial-Seelsorger

Angebot: Dämonenaustreibung

Angebot: übernatürliche Sündenoffenbarung durch (unbiblische) Propheten und «hellseherische» Seelsorger

Angebot: zusätzliche Lossage bzw. Lossprechung, nach Matth. 18,18

Mögliche Gründe für «Erfahrungen»

Nimmt ein Christ unbiblische Seelsorge-Angebote für sich persönlich in Anspruch, so können diese sündhaften Glaubenserwartungen selbst wiederum dämonischem Wirken Tür und Tor öffnen und den Betreffenden in Verstrickungen Satans führen. Aus diesem Blickwinkel ist auch die Frage zu sehen: *Wie sind dann die vielen Erlebnisse und Erfahrungen zu erklären, die bei der Dämonenaustreibung oder Dämonenbefragung auftreten?*

Diese Frage kann man sicherlich nicht endgültig beantworten. Es mag sein, daß viele Geschehnisse in der unbiblischen Okkult-Seelsorge in einfacher Weise psychologisch zu erklären sind, andererseits würden wir nie bestreiten, daß Gott in Seiner großen Güte und Barmherzigkeit in einzelnen Situationen nicht auch einem aufrichtigen Ratsuchenden trotz unbiblischer Praktiken zu Hilfe eilen kann. Doch auch dies enthebt uns nie der Verantwortung, alles Erleben anhand der Bibel zu prüfen und dieses – wenn es sich als unbiblisch erweist – nötigenfalls als satanisches Wirken zu erkennen.

Nehmen wir als vergleichendes Beispiel die Heilung eines Marienverehrers. Dieser pilgert nach Lourdes, setzt sein ganzes Vertrauen auf «Maria» und erfleht von ihr übernatürliche Hilfe, worauf er tatsächlich von einer bösen Krankheit geheilt wird. Nach biblischem Maßstab handelt es sich hier allerdings um Abgötterei und folglich um das Wirken von Dämonen. Durch das irregeleitete Vertrauen hatte Satan die konkrete Möglichkeit erhalten, im Leben dieses Pilgers zu wirken.

Wenn nun christliche Männer einen unbiblischen Seelsorgeweg einschlagen und versuchen, bei Gläubigen Dämonen auszutreiben oder Dämonen zu befragen, dann erhält Satan hierdurch genauso das Recht, in diesen Situationen zu wirken. Es ist ihm dann ein leichtes, ebenfalls positive, wundersame Dinge geschehen zu lassen (z.B. «Schreie ausfahrender Dämonen», «Zittern und körperliches Hin- und Hergeworfensein», «Fremdsprachenreden» oder «Offenbarungen angeblicher Okkult-Sünden in der Vergangenheit oder bei den Vorfahren»). Alle diese Geschehnisse werden das Vertrauen der Beteiligten auf die unbiblische Seelsorgeart stärken. Der Blick wird immer mehr vom Herrn abgelenkt und auf sündhafte Okkult-Seelsorge (und deren Seelsorger) hingelenkt – Satan ist auf dem besten Weg zum Erfolg.

Wenn man Dämonen lange genug ruft, dann treten diese auch in Erscheinung – auch wenn es sich um einen «christlichen Rufer» handelt.

Es gibt sogar Okkult-Seelsorger, die angeblich durch eine besondere Gabe erkennen können, was für ein Dämon im Ratsuchenden Wohnung genommen hat. Und dabei kommt es dann auch zu verblüffenden Erkenntnissen. (Der Vater hatte tatsächlich in jungen Jahren gependelt; die Mutter war während der Schwangerschaft tatsächlich bei einer Wahrsagerin, so daß man es mit einem Wahrsagerei-Dämon zu tun habe usw.)

Abgesehen davon, daß im Neuen Testament stets *Sünden* aufgedeckt werden und *nicht Dämonen,* lesen wir in der Schrift nichts von solch einer Gabe. (Die «Gabe der Geisterunterscheidung» hat damit – wie wir noch sehen werden – nichts zu tun.) So handelt es sich in Wirklichkeit eher um Hellseherei, wie wir sie auch von etlichen ungläubigen Geistheilern kennen, die von Finsternismächten die Fähigkeit bekommen haben, gewisse vergangene Ereignisse zu erkennen, um diese diagnostisch für ihre Praktiken zu verwenden.

Schlechte Früchte der Okkult–Seelsorge

Erfahrungen können nie die Basis biblischen Glaubens sein. Das Wort Gottes, die Bibel, gilt hier als alleiniges Fundament. Erfahrungen müssen stets am unumstößlichen Maßstab der Heiligen Schrift gemessen werden, ansonsten wir überhaupt nicht beurteilen können, wie gemachte Erfahrungen und Erlebnisse einzuordnen sind.

Es gibt positive Erfahrungen von Gott, die mit Seinem Wort harmonieren und somit echte Glaubensstärkung sind. Es gibt aber auch positive Erfahrungen von Satan, die einen Irrglauben, ein sündhaftes Denken bestätigen. Danach sind die nun folgenden persönlichen Erfahrungen eingeordnet: Erfahrungen, die die Dämonenaustreibung und Okkult-Seelsorge als Irrweg enthüllen und Berichte, die einen «gesunden Glauben» aufgrund einer «gesunden Lehre» belegen (Tit. 2,1).

Begleiterscheinungen bei heutigen Dämonenaustreibungen

Ausgeprägte Abhängigkeit vom Seelsorger und seiner Lossage

«Jahrelang besuchte ich mehr oder weniger regelmäßig einen Seelsorger, der Dämonen bei mir austrieb», berichtete uns eine etwa 40jährige Frau mit Anzeichen tiefliegender seelischer Störungen. «Ich war völlig von dieser Okkult-Seelsorge abhängig geworden, hatte Angst, die Verbindung zum Seelsorger könnte einmal irgendwie unterbrochen werden und ich würde dadurch zum Spielball von Dämonen werden. Der Okkult-Seelsorger konnte mir befehlen, was er wollte – ich tat alles ohne Bedenken...»

Dieser Extremfall führt uns vor Augen, in welche Richtung oft eine Okkult-Seelsorge weist: Das Vertrauen des Ratsuchenden wird immer mehr auf den Seelsorger und «seine Fähigkeiten» gesetzt. Da sich sehr viele Okkult-Seelsorger auch gerne als

«Fachleute» ansehen lassen, wird diese Abhängigkeit in dieser unbiblischen zwischenmenschlichen Beziehung verstärkt.

Satan und sein Wirken im Mittelpunkt

Oftmals werden für die Okkult-Seelsorge bereits Spezial-Vorkehrungen getroffen: mehrere Brüder, die auch zupacken können, wenn der Klient beim Exorzismus zu toben beginnt; Spezial-Gebetskreise, weil man nun angeblich einen Kampf mit direktem satanischem Gegenüber beginnt usw. Selbstverständlich erwartet man bei den Austreibungen auch begleitende Zeichen wie Zittern, Krämpfe und ähnliche Symptome. Stundenlang, ja oft sogar wochen- oder monatelang, steht damit Satan und sein Wirken im Mittelpunkt des Interesses und nimmt Denken und Aufmerksamkeit der Beteiligten gefangen.

Verantwortung wird auf Satan geschoben

Man beschreitet nicht mehr den Weg biblischer Seelsorge bei den verschiedensten Störungen im Glaubensleben, wenn man die Verantwortung für persönliches Versagen und für sündhafte Gewohnheiten auf die Belastung durch Dämonen schiebt. «Nichts Neues unter der Sonne» würde auch hier der Prediger sagen, denn von Origenes lesen wir bereits: «Dazu kam, daß leichtfertige oder ungebildete Christen ihre Sünden nicht selten damit entschuldigt haben müssen, sie seien von einem Dämon verführt worden, oder nicht sie hätten das Böse getan, sondern der Dämon.» (Wobei Origenes selbst ein Beispiel dafür ist.)[1]

Egozentrik beim Ratsuchenden wird unterstützt

Mancher Ratsuchende umgeht durch die Okkult-Seelsorge die nüchterne, biblische Seelsorge und letztlich das Kreuz. So unterstützt diese unbiblische Seelsorge oftmals die Egozentrik sol-

---

1 Orig., de princip. III, 2,1; zit. in A. von Harnack, Mission und Ausbreitung des Christentums, Leipzig 1924. Origenes kannte wohl kaum das biblische Evangelium. Er war Neuplatoniker.

cher Ratsuchender. Nach entsprechenden Sitzungen erzählen diese oftmals bereitwillig von besonderen Erfahrungen und Erlebnissen, fühlen sich plötzlich als etwas Besseres und stellen sich durch ihre Erzählungen unaufhörlich in den Mittelpunkt.

Eine wieder nüchtern gewordene Glaubensschwester gab offen zu, wie sie es während solcher Seelsorge genossen hatte, von «geistlichen» Brüdern umsorgt zu werden und im Mittelpunkt ihres Interesses zu stehen.

«Werke des Fleisches» werden als Zeichen für okkulte Belastung ausgegeben

«Werke des Fleisches» sind *«Ehebruch, Unzucht, Unreinigkeit, Ausschweifung; Götzendienst, Zauberei, Feindschaft, Hader, Eifersucht, Zorn, Ehrgeiz, Zwietracht, Spaltungen, Neid, Mord; Trunkenheit, Gelage und dergleichen...»* (Gal. 5,19–21). Werden diese «sündhaften Symptome» einfach auf okkulte Belastungen zurückgeführt, raubt man dem Betroffenen die Möglichkeit zur Gesundung. Man verhindert automatisch, daß er durch beständiges, geistliches Training lernt, «im Geist zu wandeln» um dadurch – wie Gal. 5,16 unmißverständlich zeigt – die Werke des Fleisches abzulegen.

Einige Belege dafür, wie die «Werke des Fleisches» als Zeichen für okkulte Belastung ausgegeben werden; wobei nicht zu vergessen ist, daß in den hier zitierten Werken viel Gutes und Richtiges steht.

(aus: «Arbeitshilfe für Seelsorger»:)

Beweisführende Symptome:
1. Abnormale Sexualität wie: Hurerei, Ehebruch, Blutschande, Homosexualität oder lesbische Liebe, sexueller Verkehr mit Tieren, abnormale Selbstbefriedigung, Pornographie, Sexfilme
2. Geiz
3. Süchte wie Alkohol, Drogen usw.
4. Temperamentsünden wie Zorn, Gewalttätigkeit, stetes Sticheln und Gift verspritzen
Hinweis auf eine mögliche okkulte Belastung:
Widerwille gegen Gottes Wort und Gebet

Nicht glauben können
Unversöhnlichkeit, Haß
Kleptomanie
Fluchen
Lästern
Selbstmordgedanken und -versuche

(aus: «Okkultismus im Angriff»:)

Folgen okkulter Grenzüberschreitung:
Widerstand gegen alles Göttliche
Heilsungewißheit
Mangelndes geistliches Unterscheidungsvermögen
Ich-bezogene Frömmigkeit
Angst
Neurotische Erkrankungen
Lästergedanken
Sexuelle Perversionen
Jähzorn
Fluchen
Suchtdisposition
usw.[1]

Kann aber – so fragt sich nun vielleicht jemand – ein Mensch mit Ich-bezogener Frömmigkeit oder sexuellen Perversionen nicht doch dämonisiert sein? Natürlich! Doch sind alle diese Symptome in erster Linie die Folge von Schuld, sündhaftem Denken im Leben, also «Werke des Fleisches» und nicht Folge von Dämonisierung, denn die Dämonisierung selbst kommt ja grundsätzlich auch durch Schuld, sündhaftes Denken und Tun und durch die «Werke des Fleisches» zustande.

All diese unbiblischen Anschauungen zusammen ergeben dann oft groteske und traurige Situationen, wie folgende Berichte zeigen:

Drei Beispiele (Namen und Umstände wurden geändert) sollen illustrieren, wie in vielen Kreisen mit dem Begriff der «okkulten Belastung» verfahren wird.

---

1 Selbstverständlich *können* solche Symptome bei Dämonisierung auftreten.

1. Karin, 23jährig, Krankenpflegerin, hat Schwierigkeiten an ihrem Arbeitsplatz, ist vermindert belastbar, schläft schlecht, zieht sich zurück, fühlt sich blockiert. Dazu kommen Kopfschmerzen und Unterleibsbeschwerden, für die keine körperliche Ursache gefunden werden kann. Im Gespräch mit einem Seelsorger äußert sie Ängste, Schuldgefühle und innere Verspannungen, Schwierigkeiten mit ihren Eltern, Zweifel, sinnloses Grübeln. Sie fühlt sich entscheidungsunfähig und möchte zeitweise nicht mehr leben. Der Seelsorger vermutet eine «okkulte Belastung». Es wird eine Lossprache durchgeführt.[1] Karin hat neue Hoffnung: Jetzt ist die Ursache ihrer Probleme erkannt und bereinigt, jetzt ist alles gut! Eine Woche später sind dieselben Symptome jedoch wieder da: Karin wird von tiefer Hoffnungslosigkeit erfaßt. Jetzt hat alles keinen Sinn mehr. Die Folge: Selbstmordversuch mit Tabletten.

2. Robert, ein 29jähriger Ehemann, wird von seiner Frau zum Seelsorger gebracht. Er hatte seit Jahren Probleme mit seiner Sexualität und kaufte ab und zu ein Herrenmagazin. Sofort wird der Verdacht auf eine «okkulte Belastung» gelenkt: Ein gläubiger Mann hat doch keine Probleme mit seiner Sexualität! Der Seelsorger nimmt eine Lossprache vor. Robert schöpft neue Hoffnung. Vier Wochen lang hat er kein Verlangen mehr nach Pornographie (überhaupt war das Problem seit seiner Bekehrung vor zwei Jahren schon kleiner geworden). Doch eines Tages machte ihm seine Frau eine heftige Szene wegen einer Bagatelle. Er verließ das Haus und irrte ziellos in der Stadt umher. Bei einem Kino erlag er erneut der Versuchung.

3. Damaris, 21jährige Büroangestellte, Tochter gläubiger Eltern arbeitet aktiv in einer christlichen Jugendgruppe mit. Über vier Wochen hinweg zeigte sich allmählich eine eigenartige Veränderung: Sie wirkte abwesend und machte bei der Arbeit häufig Fehler. Manchmal lachte sie ohne Grund. Dann stand sie wie-

---

1 Dieses Beispiel betrifft offensichtlich nicht nur den Aspekt der Diagnose, sondern vor allem jenen der Therapie. Solch eine magische Schnellmethode bleibt unwirksam, selbst wenn eine okkulte Komponente mit dabei gewesen wäre.

der stundenlang am selben Fleck und starrte vor sich hin. Sie begann zu allen Tages- und Nachtzeiten Bekannte anzurufen und bat flehentlich um Hilfe, weil sie sich verfolgt fühle und Angst habe. – Damaris wird zu einem «Experten» gebracht, der sofort den Verdacht einer «okkulten Belastung» äußert. Die Diagnose stellt er auf folgendem Weg: Er legt ihr die Hände auf verschiedene Körperstellen und sieht dann vor seinem «inneren Auge» verschiedene Tiere, z.B. Panther, Krokodile, Hühner etc. Diese Tiere seien Dämonen, die jeweils ausgetrieben werden müßten. Als die Beschwerden nach drei Sitzungen immer noch weiterbestehen, «sieht» er einen Drachen vor seinem inneren Auge: «Das ist der Feind in Person!» Drei Tage später hat sich der Zustand von Damaris verschlechtert. Sie schläft nicht mehr, läuft weg von zu Hause und wird schließlich bei einem Dorfbrunnen, völlig verwirrt, mit aufgeschürften Knien aufgefunden und in eine psychiatrische Klinik eingewiesen.»[1] (Beispiele aus «factum» 2/87: «Okkulte Belastung...» von S. Pfeifer)

Den Lügen glauben

Gott sagt uns in Seinem Wort, daß Satan «ein Lügner und der Vater derselben» ist (Joh. 8,44).

Wir müssen diese Gottesworte sehr ernst nehmen und daher davon ausgehen, daß alles, was Dämonen sagen oder Satan bewerkstelligt, darauf ausgerichtet ist, die Menschen anzulügen. Darum dürfen wir auf keinen Fall darauf hören, was Dämonen sagen.

Was Dämonen sagen

Die Bibel sagt, daß es der Heilige Geist ist, der Menschen von Sünde überführt (Joh. 16,9) und das Verborgene offenbart.

Aus der Okkult-Seelsorge erhofft man sich Sünden-Offenbarung und daß Verborgenes ans Licht gebracht wird. Deshalb bedient man sich ihrer, und deshalb werden auch oft Dämonen

---

[1] Anm.: Die Diagnosen in den Psychiatrischen Kliniken sind dann leider oft genauso wenig hilfreich! Noch ohnmächtiger ist die Therapie!

befragt. Selbstverständlich werden die Dämonen manche biblische Wahrheit von sich geben – mit der Absicht, das Vertrauen der Fragenden in die dämonischen Antworten zu stärken. Je größer dieses sündhafte Vertrauen, um so leichter ist es für Satan, Irrlehren und Lügen als biblische Wahrheit auszugeben. Nirgendwo in der Bibel finden wir daher einen Hinweis darauf, daß wir durch dämonische Äußerungen tiefere Einsichten oder biblische Erkenntnis gewinnen können. Es bleibt dabei: Satan lügt, und wer ihm zuhört, hat «Unheil geerntet und Lügenfrüchte gegessen» (Hos. 10,13). Wir sollen nicht «die Tiefen des Satans» erforschen wollen (Off. 2,24). Das sei nachfolgend etwas verdeutlicht:

Der Fall Schwester Magda

In «Dämonische Besessenheit heute» schildert der Jesuitenpater Adolf Rodewyk (Aschaffenburg 1966) den «Fall Schwester Magda», wobei er auch Erklärungen, Erfahrungen und Erkenntnisse bezüglich «Befragen von Dämonen» weitergibt, die uns einiges von der Verführungstaktik Satans zeigen können.

(Rodewyks Text wird nachfolgend in *Kursiv-Druck* wiedergegeben, unsere Kurzkommentare in Normaldruck in Klammern.)

Zuerst stützt sich der Jesuitenpater auf ein römisch-katholisches Ritual, das ihm die Berechtigung für die Dämonenbefragung zu geben scheint:

... so daß der Exorzist dem Teufel Fragen stellen kann, die dieser beantwortet, ja, beantworten muß. Das ist dann ein Mittel, um in einem bestimmten Besessenheitsfall Klarheit zu gewinnen. Dabei unterscheidet das «Rituale Romanum» scharf zwischen überflüssigen oder neugierigen und notwendigen Fragen (RR 14). Dementsprechend mußte ich nach der Zahl der etwa vorhandenen Teufel fragen. Nachdem ich den Exorzismus gesprochen hatte, meldete sich eine Persönlichkeit, die sich Kain nannte... Als ich mit Nero über die Ursache der vorliegenden Besessenheit sprach, antwortete er: «Der beste Grund für eine Besessenheit ist ein Fluch (Verfluchung), den ein Priester oder eine Mutter ausspricht. Ein solcher Fluch ist kaum zu lösen. Nur wenn ein Priester sich für sie (Magda)

einsetzt, kann ihr Fluch gelöst werden» (S. 29). (Hier stärkt der Dämon den Irrglauben an einen besonderen Priesterstand, wobei die Bibel doch klar von einem allgemeinen Priestertum spricht (Off. 1,6 u.a.).

Ich betete einen Exorzismus. Als ich ihre Stirn mit einem Kreuzzeichen bezeichnete, streckte sie sich plötzlich lang aus, beugte sich dann vornüber und schlug überraschend schnell ganz zurück. Luzifer war eingefahren (S. 45). *Luzifer: «Wir suchen, ob sich einer findet, der für ihr Gelump, für ihr ganzes Morden, Schänden und Dirnentum einsteht und dieses alles* (sühnend) *auf sich nimmt.» Ich* (Rodewyk) *sagte, daß ich das früher schon längst übernommen hätte und dabei bliebe* (S. 46). (Schreckliche Irrlehre, daß ein Mensch für die anderen wirklich sühnen könne! Wäre dies möglich, hätte Jesus Selbst nicht als Sühnopfer sterben müssen, und es gäbe auch andere Erlösungswege außerhalb von ihm.)

Am Feste Mariä Geburt mußte Beelzebub ausfahren. Das war nicht ohne Bedeutung. Er mußte, wie er selbst sagte, der Muttergottes nicht nur weichen, sondern ihr Platz machen... (S. 56).

Am Christ-Königs-Fest konnte ich Abu Gosch austreiben... Doch ... Kain fuhr ein (S. 59). *Ein paar Tage später fuhr Kain aus, aber dafür kam Nero* (S. 61). *Danach meldete sich Judas und sagte, er wolle ausfahren, was auch bald darauf geschah. Im Hinblick auf Magda fügte er bei: «Ihre Seele ist nun rein. Es ist alles so weit gesühnt, wie es der Große wollte»* (S. 63). (Welche Lüge! «Es ist in keinem andern das Heil.» [Apg. 4,12]. Erlösung haben wir allein durch das Opfer Jesu. [Eph. 1,7].)

Luzifer stöhnte bei seinem ersten Ausfahren: «Sie hat gesiegt.» Ähnlich Judas: «Die Madonna hat doch gesiegt – und der Nazarener.» (Diese Formulierung zeigt deutlich, daß Maria hier im Vordergrund, Christus aber, im Hintergrund steht (S. 119).

Als Abu Gosch eines Tages in seinen Ausdrücken sehr ordinär wurde und nicht aufhören wollte, hielt ich ihm das Bild des hl. Michael entgegen, worauf er verstummte. Noch deutlicher wurde diese Macht, als eines Tages Judas einfahren sollte, es aber nicht vermochte, weil ich den hl. Michael anrief und ihm sein Bild entgegenhielt (S. 121).

Kann es noch deutlicher vor Augen geführt werden, welch ein Irrtum es ist zu glauben, Dämonenaussagen und «Erlebnisse bei Austreibungen» seien Bestätigungen für einen biblischen, gottgewollten Dienst?

Die Lügenreden der Dämonen können auch bei Georg Schindelholz «Exorzismus» (Altstätten 1984) deutlich erkannt werden: ... *fragte man sie* (die Dämonen) *eines Abends, ob sie noch gerettet werden könnten, und sie antworteten: «Nein, im Fegefeuer, wie ihr es nennt, kann man noch gerettet werden. Wir aber können nicht mehr gerettet werden»* (S. 47). Das Wort Gottes kennt weder ein Fegefeuer, noch eine Möglichkeit der Errettung außerhalb von Christus – schon gar nicht nach dem Tode, denn «es ist dem Menschen gesetzt einmal zu sterben, darnach aber das Gericht» – Hebr. 9,27).

Wie wir bereits erwähnt haben, sagen Dämonen natürlich auch oft sachlich richtige Dinge, um dadurch die Lüge um so besser bemänteln zu können. Daß es dabei zu krassen Widersprüchen innerhalb der Dämonen-Aussagen kommt (die jedem vernünftig denkenden Menschen bezeugen, daß die Dämonen tatsächlich nicht von Gott «gezwungen werden, die Wahrheit zu sagen»), verdeutlichen folgende Aussage der Dämonen:

Die Elektroschocks können uns nichts anhaben... Wir können hingegen so tun, als hätten uns die Elektroschocks auf die Probe gestellt. Aber das ist nur eine Finte. Wir tun dergleichen, um die Leute in die Irre zu führen... Die blöden Rosenkränze und andere Instrumente können uns auch nicht schaden... (S. 48). (Hier sprachen die Dämonen – nach biblischer Sicht – sicherlich auch Richtiges.)

Pater R.P. Mathieu, der bekannteste Exorzist der Diözese von Besançon, wird ebenfalls von Schindelholz vorgestellt: *Sein Telefon wird bestürmt, und an seiner Türe stehen ganze Menschenschlangen, die glauben, Opfer Satans zu sein oder aber wirklich solche sind. Er erläuterte im Laufe unserer Unterhaltung einen der spektakulärsten Exorzismen, den er jemals auszuüben hatte...* (S. 95). *Ich hatte meine Utensilien bei mir und auch besondere Reliquien, wie die vom «wahren Kreuz», vom Stuhle des Pfarrers von Ars, vom ersten Sarg der kleinen Thérèse, vom Kinde Jesu.* (Ein Stück Holz vom Stuhle des Pfarrers von Ars soll also eine «geistliche Wirkung» haben!)

Wir begannen mit dem Exorzismus. Die Schwester, die den

Mann untersucht hatte, hielt die Reliquien gegen den Rücken des Mannes, dorthin, wo er Schmerzen verspürte, und im Laufe der nächsten Minuten, als ich das erste Kreuzeszeichen machte, begann er zu heulen: «Nein, nein, dies nicht, bitte...» ... die Schwester fügte in diesem Moment aufgeregt hinzu: «Mon Père ... es bewegt sich etwas im Rücken.» Sie hielt die Reliquien, als sie dies sagte. Ich antwortete: «Also, es gibt keinen Zweifel, ‹er› ist da. Jetzt entweicht er mir nicht mehr. Es ist das erste Mal, daß ich ihn hier lokalisieren kann» (S. 100/101). (Diese Vorstellungen erinnern uns eher an Erlebnisse mit «Gremlins» oder «Kobolden» in märchenhaften Science-fiction-Filmen, als an die biblische Sicht von Satan, einem gefallenen, mächtigen Lichtengel aus anderen Dimensionen.)

Mein Gott, wir danken dir für diese Befreiung! Dann haben wir alle zusammen das «Magnificat» gesungen, und ich habe die Messe der kirchlichen Danksagung zelebriert... Allerdings war der Mann nicht endgültig befreit. Nach zwei Monaten fing alles wieder von vorne an ... so heißt es am Ende dieses Berichtes. Ein typischer Schluß. So erlebt man keine Befreiung, die einer Dämonen-Wegtreibung Jesu oder der Apostel auch nur ähnelt. Meist wird bei den heutigen Fällen monate- und jahrelang «ausgetrieben», oftmals herrscht (wie beim «Fall Magda») ein theatralisches Kommen und Gehen, Ein- und Ausfahren von Dämonen – und alles wird trotzdem weiterpraktiziert mit dem Hinweis auf das Vorbild Jesu. Warum kam noch nie ein Exorzist auf den Gedanken, daß er – wie Jesus in Mark. 7,29+30 – nur ein «Wort zu sprechen hat», und die Dämonen sind ausgefahren? Entweder man handelt *ganz* nach dem Vorbild Jesu, oder man muß sich der Schlußfolgerung beugen, daß wir zu diesem speziellen Handeln Jesu keinen Auftrag von Ihm haben.

Und wie läßt sich das stückweise Austreiben von Dämonen biblisch belegen, wenn immer mehr Dämonen in der Okkultseelsorge zum Vorschein kommen? Wenn jemand «in Jesu Namen» gebietet, daß alle Dämonen auszufahren haben, und diese Dämonen gehorchen nicht, dann hat folglich entweder Jesus Christus eine zu geringe Macht den Dämonen gegenüber (was absurd ist) oder der Seelsorger bedient sich zu Unrecht der Formel «in Jesu Namen».

Dämonischer Spuk

Auch das gesamte Verhalten von Dämonen zielt darauf ab, daß man daraus irrige Schlußfolgerungen zieht. So erschrecken Dämonen *scheinbar* vor Dingen, die abergläubisch oder magisch angewendet werden, nur, um den Betreffenden noch mehr in seinen abgöttischen Vorstellungen zu bestätigen. Ein weiteres Beispiel aus dem «Fall Magda» (A. Rodewyk):

Magda erkannte mit Sicherheit, ob sie gewöhnliches oder geweihtes Wasser vor sich hatte. ... Einst kam sie in die Wohnung einer Bekannten, ging dort auf ein nicht gekennzeichnetes Weihwasserfläschchen zu und schüttete es sogleich in einen Blumentopf aus. Ein anderes Mal sollte sie in einem Bett schlafen, das man vorher mit Weihwasser besprengt hatte. Als sie sich hinlegen wollte, merkte sie es sofort und konnte dann die ganze Nacht nicht schlafen (S. 127). (Die Dämonen wollen damit bestätigen, daß Weihwasser und andere Dinge, die in den Bereich religiösen Aberglaubens gehören, angeblich «heilige Dinge» seien.)

Ganz unnatürlich konnte Magdas Reaktion auf Weihwasser sein. In den ersten Wochen, in denen ich mit ihr zu tun hatte, beobachtete ich, daß gelegentlich ein Tropfen Weihwasser auf ihrer Stirn eine Rötung hervorrief, die sich langsam zu einer Brandblase entwickelte (S. 130).

Wie begründet die römisch-katholische Kirche diese magischen, okkulten Lehren?

Durch die Sakramentalien nun gab Gott eine weitere Gnade, die in vielen einzelnen Fällen die Materie geradezu umkehrt, indem die gereinigte Materie ihrerseits gewürdigt wird als sinnliches, äußeres Zeichen, in den hl. Sakramenten ein natürliches Werkzeug für die übernatürlichen Gnaden zu werden und also ein wirksames Kampfmittel gegen die Dämonen. (Dämonologie I, S. 337). Hier erkennen wir deutlich den Irrglauben der «beseelten Materie» – die «heiligen Dinge» der katholischen Exorzisten sind also lediglich okkult gebrauchte Geräte im Sinne der «weißen Magie».

Die hl. Kirche hat mit guten Gründen allein den geweihten Priestern ihre exorzistische Befehlsgewalt übertragen und im Formular für Laien eine nur die Priester angehende Stelle eigens ausgelassen. Die Dämonen selbst achten sehr genau auf solche liturgischen Zuständigkeiten (Dämonologie I, S. 346).

Okkult gebrauchte Gegenstände

Auch bei Rodewyk finden wir die «Bestätigung» okkult gebrauchter Gegenstände, z.B. der Stola. *Nero: «Aufgelegt, wirkt sie auf uns wie ein Elektrisierapparat.» Luzifer nannte sie einmal einen Strick, und Abu Gosch sagte deutlicher: «Das sind die Stricke, mit denen wir gekreuzigt werden»* (S. 131). *Schon bei Jeanne Fery finden wir Ähnliches. Sie schreibt über ihre Erstkommunion, daß sie die Hostie aus dem Mund nahm, weil sie nicht schlucken konnte... Im Laufe der Zeit folgten weitere Hostiendiebstähle. Nach vielen Jahren trieben die Teufel Jeanne dazu an, mit einem Taschenmesser in eine Hostie zu stechen, damit sie sich überzeuge, daß Gott hier nicht zugegen sei. Sie tat es. Da zeigte sich Blut an der durchstochenen Stelle, und ein heller Glanz umgab die Hostie. Das bedeutete eine Wende für ihr Leben. Den Exorzisten wurde diese Hostie später ausgeliefert, die dann noch deutlich die Blutspuren zeigte* (S. 139). *Luzifer: «Du hast z.B. einmal den zweiten Rosenkranz am Tag für sie nicht ganz zu Ende gebetet. So waren die Pfähle um den Garten gelockert, so daß wir sie leichter beiseite drücken konnten» und wieder einfuhren* (S. 145). (Dämonen können sicherlich nicht durch Rosenkranzgebete abgeschreckt werden – ganz im Gegenteil.)

Lokalisierungen

Auch der «Lokalisierungs-Täuschung» ist der Jesuitenpater erlegen:
Das Normale ist das Ausfahren aus den oberen Luftwegen. Daher als Symbol das Herauswürgen von etwas, was ganz tief und fest saß. Barabbas fuhr einmal auf den «unteren Wegen» aus, was

sich vorher ankündigte durch heftige Schmerzen im Unterleib...
Im Falle Magda behaupteten die Teufel wiederholt, daß es ein Aus-
fahren nicht nur durch den Mund, sondern auch aus anderen Kör-
peröffnungen gäbe (S. 253/254). *Es wurde schon einmal erwähnt,*
daß ein anderer Teufel eine Zeitlang bei Magda in der Lunge saß.
Wo die einzelnen saßen, hat mich wenig interessiert, aber bei der
Austreibung hatte das doch seine Bedeutung. Wenn der Teufel
schon in der Lunge saß, dauerte das Ausfahren nicht so lange, als
wenn er erst vom Bauch heraufsteigen mußte... Ich fragte zu Be-
ginn der Austreibung oft: «Wo sitzt du?» Dann deutete Magda z.B.
mit der Hand auf die Magengegend. Nach einer Viertelstunde wie-
derholte ich dann die Frage, und sie zeigte vielleicht in die Rippen-
gegend und nach erneuter Frage etwa auf die Bronchien... (S.
258/259). (Am Ende dieses Berichtes überfällt uns ein Schau-
dern angesichts der Tatsache, wie Satan und seine Dämonen ein
hämisches Spiel mit verirrten, religiösen Menschen treiben.
Möge dies uns als Warnung dienen, unsere Erfahrungen, Meinungen und Bestätigungen allein am Worte Gottes zu prüfen.)

Dämonische Verstrickungen im Lichte des Neuen Testaments

In folgender Untersuchung sollen der Reihe nach 5 Punkte behandelt werden:

1. Wie zeigt uns das NT die Befreiung aus satanischer Knechtschaft?
2. In welchen Büchern kommt Dämonenaustreibung vor?
3. Wer führt sie aus?
4. An wem wird sie ausgeführt?
5. Dämonenaustreibung als apostolisches Zeichen

1. Befreiung aus satanischer Knechtschaft

Wie geschieht die Befreiung aus satanischer Knechtschaft? Hier berühren wir das entscheidende Problem. Ob nun jemand sagt, ein Gläubiger sei «besessen» (was die Bibel zwar nie sagt) oder «okkult belastet» (ein Begriff, den die Bibel nicht kennt), er «habe» einen bösen Geist, oder er werde von einem solchen «bedrängt», ist an sich nicht das Entscheidende (obwohl unbiblische Begriffe sehr leicht zu unbiblischen Anschauungen führen, weshalb wir sie nicht verharmlosen sollten). Entscheidend ist aber *der Weg der Befreiung*. Und da ist die Bibel eindeutig. Zuerst behandeln wir die Stellen aus den Evangelien und aus der Apostelgeschichte, die ausschließlich von Ungläubigen sprechen, dann wenden wir uns den Lehrbriefen und der Offenbarung zu, wo von Gläubigen gesprochen wird.

Evangelien und Apostelgeschichte

a) **ekballein**: Meist heißt es, der Dämon werde bei jemandem, der «dämonisiert» ist, «ausgetrieben». Das griechische Verb lautet **ekballein**, wobei auch dieser Ausdruck in seiner Bedeutung sehr weit ist. **ek** heißt «aus», **ballein** oft «werfen», kann aber gerade in zusammengesetzten Wörtern ganz einfach eine Bewegung in eine bestimmte Richtung ausdrücken. So heißt «ein münden» (eines Flusses) **eisballein**, was deutsch nicht mit «hineinwerfen» übersetzt werden darf. Wenn nun der Herr sagt, Er werde solche, die zu Ihm kommen, nicht **ekballein**, dann sagt Er natürlich nicht «hinauswerfen», sondern «hinausstoßen» oder «von sich stoßen». Und in Matth. 7,4 kann nicht davon die Rede sein, daß der Splitter aus dem Auge «hinausgeworfen», sondern ganz einfach «herausgenommen» werde; der Herr der Ernte «wirft» nicht, sondern «sendet» Arbeiter in seine Ernte (Matth. 9,38), der Schriftgelehrte in Matth. 13,52 «wirft» natürlich nicht seine Kleinode aus der Schatztruhe, sondern er «holt» sie hervor, und wie wollte Johannes auch den Vorhof des Tempels «hinauswerfen»? Nein, er «läßt ihn aus» (Off. 11,2). So wäre es sprachlich durchaus gerechtfertigt zu übersetzten: Der Herr «trieb» die Geister «weg». Und vielleicht würde es nicht wenig dazu beitragen, der so gerne betriebenen Dramatisierung von Besessenheitsfällen entgegenzuwirken, wenn wir «Dämonenwegtreibung» statt «-austreibung» sagen würden. Wir werden weiter unten noch sehen, warum es wichtig ist zu beachten, daß das Neue Testament hier Ausdrücke verwendet, die semantisch nicht eng, sondern weit gefaßt sind.

b) **exerchesthai**: Das betrifft auch diesen griechischen Ausdruck für «ausfahren» eines Dämons (Matth. 17, 18; Mk. 7,30; Luk. 4,41; 8,2), welches das denkbar allgemeinste Wort für eine Hinaus- oder Wegbewegung ist, so daß wir statt «ausfahren» auch «wegtreten» oder «weggehen» (wie in Matth. 9,32) sagen könnten.

c) **iaomai** und **therapeuo**: Lukas, der Arzt, verwendet gerne diese zwei griechischen Wörter für «heilen», wenn es um die Wiederherstellung Besessener geht, und zwar **iaomai** in Apg. 10,38 und **therapeuo** in Luk. 7,21; 8,2. Damit will er sagen, daß auch Besessenheit eine Art Krankheit ist, die ihre *letzte* Ursache im Sündenfall des Menschen hat.

d) **exorkistes**: «Hinausbeschwörer». So werden die unter den Juden umherziehenden Dämonenbeschwörer (die das NT hier selbstverständlich als negatives Beispiel erwähnt) genannt; ihr entsprechendes Tun **exorkizein**, «hinausbeschwören» (Apg. 19,13).

e) **anoixai ophthalmous..epistrepsai apo skotous...** «die Augen zu öffnen, daß sie sich bekehren von der Finsternis...» (Apg. 26,18): Hier wird uns der Lebensauftrag des Apostels Paulus genannt. Durch die Verkündigung der Wahrheit gehen den Menschen die Augen auf: Der Heilige Geist überführt sie von Sünde, Gerechtigkeit und Gericht (Joh. 16,8–11), worauf sie sich von der Finsternis und der Gewalt Satans *abwenden* und sich dem Herrn Jesus *zuwenden* (1. Thess. 1,9). Das ist der gesunde, durch Gottes Wort bestätigte und darum gewisse Weg zur Befreiung aus der Gewalt Satans. In Joh. 8,32 sagt der Herr, daß die Wahrheit, wenn wir sie erkennen, uns frei machen werde. Der Heilige Geist überführt uns von unseren vielerlei Sünden, die wir bekennen und ablegen dürfen. Dadurch führt uns der Sohn Gottes, der Sohn über Sein Haus ist (Joh. 8,35; Hebr. 3,6), mehr und mehr in die Freiheit von Hausgenossen Gottes (Eph. 2,19).

Befreiung aus satanischer Umstrickung wird in den Lehrbriefen mit anderen Ausdrücken bezeichnet:

Lehrbriefe

a) **ananäpsai** (im Aoriststamm): «wieder ernüchtern», das bezeichnenderweise nicht durch Austreibung geschieht, sondern durch «Buße zur Erkenntnis der Wahrheit» (2. Tim. 2,25+26).

b) **sthänai pros**: «stehen hinzu, gegenüber» (Eph. 6,11), d.h. «widerstehen» und dreimal **antisthänai**, «entgegenstehen, widerstehen» (Eph. 6,13; Jak. 4,7; 1. Petr. 5,9). Hier geht es streng genommen nicht um Befreiung von satanischer Umstrickung, sondern um den allen Heiligen verordneten geistlichen Kampf. Erneut ist die Antwort des Gläubigen auf die Angriffe Satans nicht Austreibung, sondern glaubendes Widerstehen. Daß die Konfrontation langwierig und zäh sein kann, läßt uns der von Paulus in Eph. 6,12 für «Kampf» verwendete Ausdruck verstehen: **palä**, eigentlich «Ringkampf».

c) **hä panoplia tou theou**: «die Ganzrüstung Gottes» (Eph.

6,13), die uns vor satanischen Angriffen schützt, besteht aus Glauben, Gerechtigkeit, Wahrheit, Wort Gottes, der Bereitschaft (oder: der festen Grundlage), das Evangelium zu bezeugen, sowie schließlich Gebet. Umgekehrt können wir sagen, wo diese Dinge nicht vorhanden sind, erliegen wir der Macht Satans. Aber auch hier fehlen Hinweise auf Teufelsaustreibungen.

d) **exerchesthai**: «ausgehen» (2. Kor. 6,17; Off. 18,4). In 2. Kor. 6 wird von der möglichen Gemeinschaft zwischen Licht und Finsternis, also dem Kinde Gottes und allem Sündigen, berichtet. Es wird angedeutet, daß der Tempel Gottes einst eine Behausung der Götzen und damit der Dämonen sein werde. In Off. 18,2 lesen wir, daß Babylon eine Behausung der Dämonen geworden ist. Wie soll sich der Erlöste, der sich in solch unheiliger Gemeinschaft erkennt, verhalten? Die Antwort ist nicht «austreiben», sondern «hinausgehen», d. h. sich in Gehorsam an das Wort Gottes von allem trennen, was Gott zuwider ist.

e) **pheugein**: «fliehen», (1. Kor. 6,18; 10,14). Besonders deutlich zeigt Paulus, daß Götzendienst zur Gemeinschaft mit den Dämonen führt (10,20). Befreiung aus dieser widergöttlichen Gemeinschaft geschieht nicht durch Dämonenaustreibung, sondern durch «Fliehen», d.h. sich Distanzieren von den Sünden des Götzendienstes und der Hurerei.

Laßt uns abschließend beachten, daß das Neue Testament auch in apostolischer Lehre die Frage der Gebundenheit und Freiheit des Christen diskutiert; am ausführlichsten in Römer 6–8. Hier werden universale Prinzipien genannt.

Die Verderbtheit des Fleisches

Im Fleisch auch des erlösten Menschen wohnt nichts Gutes (Röm. 7,18). Hier setzt die Macht der Sünde und Satans an. So kann Petrus als summierende Charakterisierung der Sündhaftigkeit gerichtsreifer Menschen sagen, sie «wandeln dem Fleisch nach» (2. Petr. 2,10). Paulus spricht in 1. Tim. 5,15 davon, daß sich etliche abgewandt haben, «dem Satan nach». Es stellte einmal jemand dazu die Frage: «Was ist schlimmer?» Es dürfte beides auf dasselbe herauskommen; mit anderen Worten: Wer dem *Fleisch* nach geht, geht damit auch dem *Satan* nach.

Wie kann nun der Christ zum Leben in der Freiheit der Kinder Gottes (Röm. 8,21) gelangen? Dadurch, daß er sich selbst, da er mit Christus gekreuzigt ist (Röm. 6,6), der Sünde auch für tot hält (Röm. 6,11) und die Handlungen des Fleisches durch den Geist tötet (Röm. 8,13; vgl. auch Kol. 3,3 und 5). In dem Maße, wie der Christ das im Glauben verwirklicht, haben Sünde und Satan ganz folgerichtig keine Macht über ihn (Röm. 6,14). Wenn nun in der christlichen Heiligung Raum für Dämonenaustreibungen wäre, dann müßte hier, wo die Frage der auch praktisch erlebten Befreiung lehrmäßig diskutiert wird, etwas stehen. Aber es kann nichts dergleichen stehen, sonst müßten die obig gemachten Aussagen über die Sünde und das Fleisch, das Gericht über dasselbe und die Befreiung davon relativiert werden. Mit anderen Worten: Das unvergleichliche Geschehen am Kreuz wäre nicht die allgenugsame Antwort Gottes auf alle Fragen der Sünde und der Macht Satans über den Menschen. In diesem Licht betrachtet erkennt man die spezielle «Okkult-Seelsorge» mit ihren Dämonenaustreibungen als das, was sie dem Kern nach ist: eine (fromme) Umgehung des Kreuzes.

2. In welchen Büchern kommt Dämonenaustreibung vor?

Die zahlreichen Fälle von Dämonenaustreibungen bei Besessenen sind auf die drei ersten Evangelien sowie auf die Apostelgeschichte beschränkt. Weder geben die Lehrbriefe eine Aufforderung zur Dämonenaustreibung, noch findet sich in den Sendschreiben von Off. 2 und 3 Lob für praktizierte oder Tadel für unterlassene Dämonenaustreibung. So weit der rein biblische Befund. Wie haben wir ihn, ohne einem Wunschdenken zu verfallen oder vorgefaßten, durch entsprechende Erfahrungen diktierten Meinungen zu erliegen, korrekt zu deuten? Die weiteren Fragen sollen uns einer Klärung näherbringen.

3. Wer führt Dämonenaustreibungen durch?

In den Evangelien treiben der Herr Jesus, die 12 Apostel (Matth. 10,8) sowie – sofern die Jünger das Geschehen richtig einordneten – ein namentlich nicht genannter Nachfolger Jesu (Mark. 9,38) Dämonen aus; in Luk. 10,17 berichten die 70 vom Herrn Ausgesandten, auch die Dämonen seien ihnen «untertan». Einen Hinweis auf die Tradition der Dämonenaustreibung im Judentum finden wir in Matth. 12,27, wo der Herr die Juden fragt, durch wen ihre Söhne denn die Dämonen austrieben (vgl. Anhang). In der Apostelgeschichte treibt außer den Aposteln auch Philippus (8,7) Geister aus, sonst niemand (es sei denn, man wolle jene unglücklichen Exorzisten von Kap. 19,13–16 auch dazuzählen). Philippus nun (wie auch Stephanus, der gleich den Aposteln «Wunder und große Zeichen unter dem Volke» tat; 6,8) war von den Aposteln durch Handauflegung als «Armenpfleger» beauftragt worden (6,5.6). Die Einschränkung auf diesen kleinen Personenkreis ist in der Tat auffällig. Er deckt sich übrigens ganz mit dem Kreis derer, die in der Zeit der Apostelgeschichte allgemein Zeichen und Wunder taten.

Hätte nun die Fähigkeit der Dämonenaustreibung zur grundlegenden Ausstattung eines jeden Dieners mit seelsorglicher Verantwortung gehört, dürfte man mit Recht erwarten, daß Paulus Timotheus oder Titus gegenüber entsprechende Anweisungen gibt. Solche Anweisungen suchen wir in den entsprechenden 3 Briefen vergeblich. Dieses auffällige Fehlen ist manchem Exorzisten peinlich. So war die Standarderklärung eines solchen Exorzisten jahrelang, Besessenheit und Teufelsaustreibung (bei Gläubigen; andere interessierten den Mann nicht) sei ein endzeitliches Phänomen, weshalb es in den Lehrbriefen fehle. Es sei im 1. Jahrhundert ein nicht-existentes Problem gewesen. Eine solche Erklärung ist aus mindestens zwei Gründen gänzlich unbefriedigend: Erstens sind die Lehrbriefe durch Gottes Geist inspiriert und so konzipiert worden, daß sie bis zum Ende der Gemeindezeit dem Kind Gottes sichere Anleitung für seinen Dienst gewähren. Nach den Worten des Paulus vermag das Wort Gottes den Menschen Gottes zu *jedem* Werk *völlig* geschickt zu machen (2. Tim. 3,16+17). Und zudem behandelt ja gerade der 1. Timotheusbrief die «späteren Zeiten» (4,1) und der 2. Timotheusbrief die «letzten Zeiten» (2. Tim. 3,1).

Wäre nun genannte Besessenheit samt Dämonenaustreibung bei Gläubigen ein Phänomen der Endzeit, müßte doch hier etwas stehen. Und zweitens war der Mensch des ersten Jahrhunderts grundsätzlich nicht weniger anfällig auf satanischen Einfluß als der Mensch des 20. Jahrhunderts, wie ja die vielen durch den Herrn und die Apostel vorgenommenen Dämonenaustreibungen belegen. In diesem Zusammenhang sei auf Apostelgeschichte 19 hingewiesen, wo vom Dienst des Apostels Paulus in Ephesus die Rede ist. Ephesus war im Altertum als eine Hochburg der Magie und Zauberei bekannt, weshalb man Schriften mit magischen Beschwörungsformeln geradezu *ephesia grammata*, «ephesinische Schriften», nannte. Auf diesem Hintergrund ist verständlich, warum eben in dieser Stadt eine Verbrennung von den weitherum sehr teuer gehandelten Zauberpapyri ein so wirksames Zeugnis von der Macht des Evangeliums war. Beachtenswert ist, daß Dämonie in der Antike sehr verbreitet war (und heute natürlich nicht minder ist), und daß der Sache bei denen, die zum Glauben gekommen waren, nicht mit Austreibung zu Leibe gerückt wurde. Vielmehr «bekannten und verkündigten sie ihre Taten» und distanzierten sie sich öffentlich von der Sünde der Zauberei.

4. An wem werden Dämonen ausgetrieben?

Wir beginnen auch hier mit der Feststellung des biblischen Befundes und versuchen dann, die entsprechenden Schlüsse zu ziehen. Die durch Austreibung geheilten Besessenen waren, soweit wir das beurteilen können, *in keinem einzigen Fall* erlöste Menschen. Es wird nirgends im Neuen Testament gesagt, daß man an Erlösten (nach Pfingsten: an Christen) eine Teufelsaustreibung vorgenommen hätte, und vor allem wird nie dazu aufgefordert. Auch diese biblische Grenzziehung darf nicht leichtfertig übergangen werden.

Bliebe also die Möglichkeit, bei ungläubigen Menschen Dämonen auszutreiben, so wie der Herr und die Apostel es taten? Haben wir dazu einen Auftrag?

5. Dämonenaustreibung als apostolisches Zeichen

In den Zuschriften, die seit der Veröffentlichung der ersten Auflage unseres Buches eingegangen sind, haben mit Abstand die meisten sich daran gestoßen, daß wir die im Neuen Testament beschriebenen und erwähnten Zeichen und Wunder als apostolisch und daher für unsere Zeit nicht mehr gültig ansehen. Das haben verschiedene, die unsere Erörterungen anderweitig begrüßt haben, beanstandet. Ich möchte deshalb etwas ausführlicher auf die Frage eingehen, dieser aber eine Bitte vorausschicken: Mir ist bewußt, daß innerhalb der evangelischen Christenheit seit relativ kurzer Zeit ein markanter Umschwung in der Beurteilung der apostolischen Zeichen stattgefunden hat, so daß nunmehr eine Minderheit meine Position zum Auftreten und Aufhören der Zeichen und Wunder vertritt. Ich halte die traditionelle diesbezügliche Sicht noch immer für die einleuchtendste, bin aber gerne bereit, sie aufgrund biblischer Argumente zu revidieren.

Man möchte auf alle Fälle die hier folgenden Ausführungen nicht zum Anlaß nehmen, das Gesamtargument des Buches von der Hand zu weisen, dies um so mehr als vorliegendes nur eines der zahlreichen biblischen Argumente ist, die allein schon genügen, um christlichen Exorzismus auszuschließen.

Warum also glauben wir, daß Dämonenaustreibung bei Ungläubigen ein apostolisches Zeichen war?

Nach dem bisher Gesagten ergibt sich, daß die Dämonenwegtreibung zu den Zeichen und Wundern gehörte, die der Herr und Seine eigens dazu beauftragten Apostel taten. Der Herr Selbst interpretiert die durch Ihn geschehenen Dämonenwegtreibungen in diesem Sinn, wenn Er sagt: *«Wenn ich durch den Geist Gottes die Dämonen austreibe, ist das Reich Gottes zu euch gekommen»* (Matth. 12,28). Er will mit anderen Worten sagen, die Dämonenwegtreibung sei ein *Zeichen* dafür, daß mit Ihm auch das Reich Gottes gekommen sei. Entsprechend werden die Dämonenwegtreibungen immer wieder gleichzeitig mit den anderen apostolischen Zeichen (Krankenheilungen; Zungenreden) genannt (Mark. 16,17.18; Luk. 9,1; 10,9.17; Apg. 5,16), die eine ähnliche Funktion hatten. Die Frage ist, ob die Gläubigen zu allen Zeiten von Gott begabt und beauftragt werden, die gleichen Zeichen zu tun. Manche Bewegungen bejahen das, und ganz folgerichtig gehört zur Ausstattung eines in ihrem Sinne Bevollmächtigten neben Zungenreden, Prophetie und Heilungen die Teufelsaustreibung. Wenn ich aber davon ausgehe, daß die in Markus 16 aufgeführten Zeichen auf die Apostel und auf ihre Zeit beschränkt waren (wobei mir bewußt ist, daß ernstzunehmende Glaubensbrüder dies anders sehen), dann müssen wir auch die Dämonenaustreibung dazuzählen, d.h. sie fällt für die nachapostolische Zeit weg. Obwohl ich das Aufhören der Zeichen im Büchlein «Zeichen und Wunder»[1] ausführlich belegt habe, wiederhole ich hier kurz die Schlüsse, die uns die biblische Heilsgeschichte über das Auftreten von Zeichen und Wundern ziehen läßt:

Zeichen und Wunder

a) Zeichen und Wunder begleiteten die Einführung neuer Heilsoffenbarungen, wie wir anhand der zahlreichen durch Mose gewirkten Zeichen erkennen, den Mann also, der Israel in den Gesetzesbund einführte. Vor ihm tat kein Mann Gottes in der Geschichte der Menschheit Zeichen. Nach ihm auch kein David, obwohl er ein Mann nach dem Herzen Gottes war. Als mit der Einführung des Volkes Gottes in das gelobte Land die an Mose ergangene Offenbarung erfüllt war (vgl. 2. Mose 3,8), hörten die Zeichen und Wunder auf (wie beispielsweise Josua 5,12 anzudeuten anfängt: «Und das Manna hörte auf am anderen Tage ... und sie aßen von dem Ertrage des Landes Kanaan in jenem Jahre»).

Als der Sohn Gottes auf der Erde war, war Gott erstmals «geoffenbart im Fleisch» (1. Tim. 3,16), weshalb Geburt, Leben, Sterben und Auferstehen des Herrn von außergewöhnlichen Zeichen und Wundern begleitet wurden.

An Pfingsten wurde die Gemeinde geboren, das Geschehen wurde von Gott besonders markiert durch außergewöhnliche

---

1 Benedikt Peters: «Zeichen und Wunder», Berneck 1987, TELOS-Tb Nr. 347

Zeichen (Apg. 2). Die Einführung der christlichen Botschaft durch die in ihrem Dienst und in ihrer Wirkung einmaligen Apostel wurde an allen Orten, wo sie erstmalig hinkam, durch Zeichen bekräftigt. Das gesamte Geschehen vom Kommen des Herrn bis zum Dienst der Apostel faßt der Schreiber des Hebräerbriefes zusammen und sagt, daß die Einführung des Zeugnisses vom großen Heil Gottes in diese Welt durch den Herrn Selbst und durch die Apostel von Gott als drittem durch Zeichen und Wunder bestätigt wurde.

Nun ist rein von der grammatikalischen Form und vom Satzbau her der Ausdruck von Hebr. 2,3+4 deutlich: Damals (und nicht immer wieder bis heute), als der Herr und nach Ihm die Apostel auftraten, wurde die neue Botschaft dadurch bestätigt, daß Gott Zeichen und Wunder gab. Das Hauptverb des Satzgefüges steht im Aorist, womit die Zeitstufe des gesamten Geschehens in die Vergangenheit verlegt ist. Sodann ist semantisch der Ausdruck «bestätigt worden» (gr. *ebebaiothe* = «sie wurde festgemacht») eindeutig: Festmachen ist ein einmaliges Geschehen, es sei denn, der Befestigende wäre ein Stümper, der seine Arbeit so schlecht macht, daß das Befestigte nicht hält und wieder und wieder befestigt werden muß. Das werden wir Gott aber nicht unterstellen.

b) Zeichen und Wunder legitimieren den Träger der neuen Botschaft selbst. Das war der Sinn der Zeichen, die Mose vor dem Volk tun mußte (2. Mose 4,1–9); das war auch der Sinn der Zeichen des Herrn Jesus.

Sie wiesen Ihn als den Messias Israels aus, als den König des von den Propheten verheißenen Reiches (Matth. 11,2–6, zu vergleichen mit Jes. 35,1–6). Und schließlich die Apostel, die beauftragt waren, den Grund der Gemeinde ein für allemal zu legen (Eph. 2,20), wurden vom erhöhten Herrn Selbst mit den «Zeichen des Apostels» ausgestattet (2. Kor. 12,12); dies meint Zeichen, die nur den Aposteln zu tun gegeben waren. In der Tat lesen wir in der Apostelgeschichte nur von den Aposteln und von zwei eigens durch Handauflegung bevollmächtigten Jüngern (Stephanus und Philippus; Apg. 6–8), daß sie Zeichen taten.

Wir haben keine neuen Offenbarungen Gottes an die Welt zu

richten und sind deshalb keine Träger neuer Offenbarungen, weshalb Gott uns auch nicht mit der Gewalt, Zeichen und Wunder zu tun ausgerüstet hat, auch nicht mit dem Zeichen der Dämonenaustreibung bei Ungläubigen.

c) Zeichen zu tun, war in allen uns in der Bibel überlieferten Fällen nur Männern gegeben, die als *Propheten* wirkten. Ihre außergewöhnliche prophetische Botschaft wurde dadurch von Gott auf außergewöhnliche Art beglaubigt (Hebr. 2,4).

Im Neuen Testament begegnet uns nun die Situation, daß Jesus seinen Jüngern «alles was er von (seinem) Vater gehört, kundgetan» hatte (Joh. 15,15), und daß der Heilige Geist nach Pfingsten ihnen das alles auch in Erinnerung rief und vor allem verständlich machte (Joh. 14,26; 16,13). Weil nur die Apostel aus dem Munde des Herrn die Ratschlüsse Gottes gehört hatten, waren sie nur ihnen bekannt. Das Wissen um das vollkommene Heil in Christus, um die Berufung und den Wandel der Gemeinde und um die kommende Herrlichkeit besaßen nur die Apostel. Wo sie hinkamen, verkündigten sie von Gott geoffenbarte Wahrheiten, dienten und wirkten sie als von Gott gesandte Propheten; und Gott bestätigte ihr Botschaft durch «nachfolgende Zeichen» (Mark. 16,20).

Solange die in Christus vollkommen geoffenbarte Wahrheit nicht aufgeschrieben war, sorgte Gott dafür, daß in den örtlichen Gemeinden, die die Apostel gegründet hatten, die Wahrheit auch in ihrer Abwesenheit gelehrt wurde. Zu diesem Zweck gab Gott offenbarungsbegleitende Zeichen. So traten in Korinth etwa Zungenreden, Reden aus Inspiration sowie die solches Offenbarungsreden begleitenden Zeichen wie Krankenheilungen auf.

Aber beachten wir, daß ohne apostolische Bevollmächtigung niemand die Gabe empfing, Zeichen zu tun. Diese war an die Person der Apostel gebunden. Das zeigt uns die Bekehrung der Samaritaner, die in Apostelgeschichte 8 beschrieben wird, sehr schön. Es mußten die beiden *Apostel* Petrus und Johannes nach Samaria kommen und den gläubig Gewordenen die Hände auflegen, damit diese den Heiligen Geist empfingen. Also nicht einmal Philippus, der von den Aposteln durch Handauflegung beauftragt worden war und in Samaria Zeichen getan hatte, konnte das tun. Begleitend zum Empfang des Geistes geschahen irgendwelche (dort nicht genannten) Zeichen, denn Simon «sah» (Vers 18), daß durch das Auflegen der Hände der Apostel der Geist gegeben wurde.

So hatten die Zeichen und Wunder, die durch die Apostel geschahen, den Sinn, die Apostel und vor allem ihre Botschaft zu legitimieren. War die Botschaft vollständig niedergeschrieben und mit dem letzten Buch als vollständig versiegelt worden (Offenbarung 22,18+19), dann *mußten* die Zeichen zwangsläufig aufhören. Es gab keine neue, von Gott geoffenbarte Wahrheit mehr zu verkündigen. Daher durften keine Zeichen mehr geschehen. Wären sie trotzdem weiterhin geschehen, hätten sie den Wert des abgeschlossenen biblischen Kanons in Frage gestellt, ja, ihn als *offenen,* noch nicht abgeschlossenen Kanon deklariert.

Mithin ergibt sich folgendes: So wie die Zeichen und Wunder in der apostolischen Zeit die vorerst nur mündlich ausgerichtete apostolische Botschaft *bestätigten,* so relativieren Zeichen und Wunder, die heute geschehen, ihre Autorität. So wie die Zeichen der Apostel auf ihre Lehre hinlenkten, so lenken Zeichen und Wunder heute vom geschriebenen Wort ab: Daß man dort, wo Zeichen und Wunder propagiert und erwartet werden, entsprechend weniger Sinn im fleißigen Erforschen und geduldigen, systematischen Lehren der Schrift sieht, muß ehrlicherweise ganz einfach zur Kenntnis genommen werden, dessen ungeachtet, ob meine Erklärungen richtig sind oder nicht.

d) Der Gegensatz zwischen Altem und Neuem Testament legt mir ferner die von mir vertretene Sicht nahe. In Hebräer 1,1 lesen wir, daß Gott im Alten Testament über Generationen hin Stück für Stück Seinen Heilsplan offenbarte. Dann redete Gott am Ende der Tage im Sohn, vollumfänglich und abschließend. Die Botschaft des Sohnes wurde dann von den Aposteln weitergetragen, *und alles von Gott durch Zeichen und Wunder befestigt* (Hebr. 2,3+4). Im Gegensatz also zur alttestamentlichen Offenbarungsweise sollte die im Sohn gegebene Offenbarung innerhalb einer Generation abgeschlossen und von Gott bestätigt vorliegen. So gebietet mir auch das sich vom Alten unterscheidende Wesen des Neuen Testamentes zur Annahme, Zeichen und Wunder seien nur noch in der Generation der Apostel aufgetreten.

Das ist also die Grundvoraussetzung meiner Überlegung: Die Hauptsache, von der alles andere abhängt, ist die Überzeugung, daß uns seit der Niederschrift des Neuen Testaments ein *geschlossener Kanon* vorliegt.

Es ist beanstandet worden, daß wir verschiedene Gottesmänner angreifen und in Frage stellen würden, wenn wir ihre Ansichten über Zeichen und Wunder nicht teilen können.

Dazu ist aber zu bemerken, daß immerhin andere Gottesmänner wie Jonathan Edwards, George Whitefield, Charles H. Spurgeon ebenfalls der Überzeugung waren, daß mit dem Weggang der Apostel auch die Zeichen aufhörten. Sollen wir nun kontern und sagen: Wer behauptet, auch wir müßten in der Lage sein, die apostolischen Zeichen zu tun, der greift diese letztgenannten Glaubensmänner an? Wir sehen, das führt zu nichts. Es geht nicht darum, jemanden anzugreifen oder zu verteidigen; es geht um die biblische Lehre. Wir wollen fragen: Was sagt die Bibel; was sagt sie nicht? Man kann im übrigen sagen, daß der konservative Protestantismus sowohl in Europa als auch in Amerika mehrheitlich die von mir dargelegte Position vertreten hat, bis um die Jahrhundertwende mit der aufkommenden Pfingstbewegung ein Umschwung eingetreten ist.

Seit einigen Jahren ist die Situation anders. Es gilt nicht mehr wie während Jahrhunderten die Forderung (oder zumindest Erwartung) von Zeichen und Wundern als die Sicht des Außenseiters, sondern umgekehrt: Der Christ, der nicht gewillt ist, einer für ihn biblisch nicht begründbaren neueren Sicht der Dinge zu folgen, wird zusehends zum Außenseiter und gerät immer mehr in den Verdacht, ein bornierter oder gar sektiererischer Querulant zu sein.

Will ich mit alledem nun sagen, wir glaubten nicht mehr an einen Gott, der heute noch Wunder tut?

Das war nie das Thema. Selbstverständlich glauben wir, daß Gott Wunder tut. Ohne Gott, der auf wunderbare Weise in unserem Alltag wirkt, wäre ein Christenleben undenkbar. Glaube, Wiedergeburt und göttliche Bewahrung sind unfaßbare Wunder.

Gott greift auch wunderbar ein und heilt auf gläubiges Gebet hin in Seiner Souveränität Kranke. Ich habe das am eigenen Leib erfahren. Aber wer will deshalb behaupten, er besäße die *Gabe* der Krankenheilung? Die *Gabe,* Zeichen zu tun, hat Gott seit dem Weggang der Apostel in Seiner Weisheit zurückgezogen.

Dämonisierung des Menschen – biblischer Befund

Betrachten wir nachfolgend die verschiedenen Ausdrücke für die Dämonisierung des Menschen:

a) daimonizomenos

Der häufigste, in den deutschen Bibelübersetzungen durchweg mit «besessen» wiedergegebene Ausdruck, lautet *daimonizomenos*. Er bedeutet ganz wörtlich «dämonisiert». Man könnte auch umschreiben «von einem Dämon befallen». Er kommt 13mal vor, ausschließlich in den Evangelien. Er ist in der Bedeutung allgemeiner als das semantisch recht eng gefaßte deutsche «besessen», ruft dieses doch Vorstellungen von Zuständen, die den Gadarener plagten, hervor. Das ist mit ein Grund für viele Auseinandersetzungen über die hier behandelten Fragen gewesen.

Versteht man unter «besessen» das, was es im Deutschen wörtlich heißt, nämlich jemandes (des Teufels) «Besitz sein», dann müssen wir – wollen wir nicht in der Bibel enthaltene fundamentale Lehrsätze auf den Kopf stellen – eindeutig festhalten: Ein Kind Gottes kann nicht von Satan besessen sein; es kann nicht gleichzeitig Besitz des Herrn Jesus und Besitz des Teufels sein.

Versteht man aber unter dem gleichen Wort ganz allgemein dämonisiert, dann kann man sehr wohl sagen: Auch ein Kind Gottes kann «besessen» sein.

Aus mindestens drei Gründen aber sollten wir den Ausdruck «besessen» ablehnen, wenn wir von Gläubigen reden: Seine griechische Entsprechung (daimonizomenos) ist erstens im NT auf Unerlöste beschränkt und zweitens seiner deutschen Bedeutung nach irreführend. Es haben aber falsche Begriffe in der Kirchengeschichte oft genug nicht nur Verwirrung gestiftet, sondern auch der Verbreitung schwerwiegender Irrtümer Vorschub geleistet (etwa die Verwechslung von Geistestaufe mit Geistesfülle). Und drittens kann das Kind Gottes nicht im gleichen Grad und Ausmaß wie ein Kind des Zornes (Eph. 2,2) und des Teufels (1. Joh. 3,10) von Satan beschlagnahmt werden, weshalb es angebracht ist, gewisse Ausdrücke nur für Gläubige, andere nur für Ungläubige anzuwenden. Wir lesen ja in 1. Joh. 5,18: *«Wir wissen, daß jeder, der aus Gott geboren ist, nicht sündigt; sondern der aus Gott Geborene bewahrt sich, und der Böse tastet ihn nicht an.»* Im darauffolgenden Vers lesen wir hingegen von der Welt, also von der Gemeinschaft der unerlösten Menschen: *«Die ganze Welt liegt in dem Bösen.»* Wir müssen diese prinzipielle Unterscheidung beibehalten; und dann erkennen wir, wie unpassend es ist, bei Kindern Gottes von Besessenheit zu reden. Denn beim Ungläubigen kann sogar der *ganze Mensch* (allerdings verschieden stark) in der Gewalt Satans sein; beim gläubigen Menschen ist das undenkbar, wollen wir 1. Joh. 5,18 nicht gewaltsam unterschlagen.

b) katadynasteuomenos hypo tou diabolou,

in Apg. 10,38 mit «vom Teufel überwältigt» wiedergegeben, was eigentlich den Perfektstamm dieses Partizips voraussetzen würde. Sinngemäß also eher «vom Teufel unter Gewalt gehalten». Das entsprechende Verb begegnet uns in finiter Form in Jak. 2,6, wo es heißt, die Reichen würden die Christen unterdrücken. Der Ausdruck bezeichnet den Zustand des noch unerlösten Menschen.

c) echein pneuma akatharton,

«einen unreinen Geist haben» (Mark. 3,30; 7,25). Lukas verwendet die gleiche verbale Fügung in seinem Evangelium (Luk. 4,33; 13,11) und in der Apostelgeschichte (16,16; 19,13). Diese Wendung bezeichnet nur unerlöste Menschen.

d) en pneumati akatharto,

wörtl. «in einem unreinen Geist», was sinngemäß durchaus «in der Gewalt eines unreinen Geistes» entsprechen könnte. Die Wendung kommt nur zweimal vor (Mark. 1,23 und 5,2) und wird übersetzt: «mit einem Geist». Es mag uns erstaunen, daß das Verhältnis auch umgekehrt sein kann:

e) en ho än to pneuma,

«in welchem der Geist war» (Apg. 19,16). Vorhin lasen wir, daß ein Mensch «im unreinen Geist» sein konnte, hier, daß der Geist «in ihm» war. Weiter unten wollen wir zu verstehen suchen, was wir daraus schließen müssen.

f) enochloumenoi apo pneumaton akatharton,

«von unreinen Geistern Belästigte», ein Ausdruck, den nur Lukas in diesem Sinn verwendet (Luk. 6,18; Apg. 5,16). Das gleiche Verb wird in Hebr. 12,15 verwendet, wo der inspirierte Schreiber hofft, keine «Wurzel der Bitterkeit» belästige oder beunruhige jemanden.

g) lambanein,

«nehmen, empfangen» etc. In Luk. 9,39 lesen wir, daß ein Geist einen Knaben «nimmt» (lambanei). Wie weit der Bedeutungsumfang des Verbums **lambanein** ist, zeigt 2. Kor. 11,4, wo wir lesen, daß die Korinther in Gefahr standen, «einen anderen Geist» zu «empfangen». Das Verb kann also beides, das passive Empfangen sowie das aktive Ergreifen bezeichnen, ist also in seiner Bedeutung viel genereller und unbestimmter als die beiden angeführten deutschen Verben.

h) katoikein,

mit «wohnen» übersetzt, wobei durch die Präposition **kata** das Wohnen als ein «sich Niederlassen» verstanden wird (Matth. 12,45; Luk. 8,30). Es kommt in diesem Sinn nur in diesen beiden Evangelien vor und bezeichnet einmal das dem Gericht verfallene Haus Israel (so in Matth. 12,45) und einmal den mit einem Haus verglichenen einzelnen, unbekehrten Menschen. Vom gleichen Verbum ist das Hauptwort **katoiketärion** abgeleitet, das die Hure Babylon als eine «Behausung der Dämonen» kennzeichnet (Off. 18,2). Dieses Wort steht auch in Eph. 2,22 für die «Behausung Gottes im Geist», sowie auch das Verb **katoikein**, das in Eph. 3,17 verwendet wird, wo Paulus darum betet, daß Christus in den Herzen «wohnen» möge durch Glauben, und in Jak. 4,5, wo wir lesen, daß Gottes Geist in uns «wohnt». (In den weitaus meisten Fällen steht das Wort für

Menschen, die irgendwo «wohnen»: Matth. 2,23; 4,13; Apg. 2,5 etc.). Aber davon, daß Dämonen in erlösten Menschen «wohnen», spricht das Neue Testament an keiner Stelle, weshalb wir auch hier nicht über die Schrift hinausgehen und behaupten wollen, bei Erlösten könne Innewohnung satanischer Geister vorliegen. Laßt uns den Zusammenhang beachten, in dem der Begriff in den Evangelien verwendet wird: Sowohl in Matthäus 12 als auch in Lukas 8 ist der Zusammenhang die bewußte Verwerfung des Sohnes Gottes – das, was der Herr die «Lästerung des Geistes» nennt – durch die Schriftgelehrten. Das Schicksal der ganzen Nation (Matth. 12) oder des einzelnen Menschen (Luk. 8) nach der mutwilligen Verwerfung des Sohnes Gottes wird mit dem Bild des von bösen Geistern bewohnten Hauses umschrieben. Daher können wir sagen, daß die genannte Innewohnung durch Dämonen ein typisches Merkmal für im bewußten Unglauben verharrende Menschen ist, die also *die* Sünde begangen haben (vgl. Joh. 16,9). Sage ich nun, auch bei Kindern Gottes komme solche Innewohnung vor, dann verwische ich eine durch den Herrn Selbst vorgenommene bedeutungsvolle Differenzierung, wodurch zweierlei geschieht: Einerseits wird der Ernst *der* Sünde relativiert, andererseits wird der falsche Eindruck gefördert, auch Kinder Gottes könnten die Sünde der Lästerung des Geistes begehen.

i) eiserchesthai,

«hineingehen, eintreten». Dieses Wort steht in den obig genannten Stellen Matth. 12,45 und Luk. 8,30 für die dort genannten bösen Geister, sowie in Luk. 22,3 und Joh. 13,27, wo wir lesen, daß der Satan in den Judas Iskariot «hineinfuhr», oder besser «eintrat». In gleicher Weise «traten» die Dämonen in die Schweine (Mark. 5,12.13; Luk. 8,32.33). Daß böse Geister in dieser Weise in Kinder Gottes «eintreten», lesen wir an keiner Stelle.

k) deo,

«binden», das in Luk. 13,16 steht, wo der Herr Jesus sagt, Satan habe jene Tochter Abrahams «gebunden». Der Ausdruck ist einmalig im uns gegenwärtig interessierenden Zusammenhang, erklärt sich aber ohne weiteres aus dem vom Herrn dort verwendeten Vergleich: So wie ein angebundener Ochse auch am Sabbat losgebunden wird, damit er zur Tränke geführt werden kann, soll auch diese von Satan angebundene Seele losgebunden und geistlich getränkt werden, auch wenn die Juden meinen, der Herr verstoße damit gegen das Sabbatgebot. Sonst wird das Verb samt seinen abgeleiteten Hauptwörtern meist verwendet für «fangen», «Fesseln anlegen», «im Gefängnis sein» im ganz konkreten Sinn. In Apg. 20,22+23 verwendet Paulus in einem schönen Wortspiel das Wort einmal im geistlichen und einmal im materiellen Sinn: Zunächst sagt er, er gehe «gebunden» (**dedemenos**) im Geist nach Jerusalem, obwohl ihm der Heilige Geist bezeugt, daß «Bande» (**desma**) seiner harren. Diese doppelte Bedeutung des Wortes schwingt auch mit, wenn sich Paulus einen «Gebundenen» (**desmios**) Jesu Christi nennt (Eph. 4,1). Er ist dabei ganz konkret ein Gefängnisinsasse, aber er ist dabei auch ein Gefangener Jesu Christi: Sein Geist ist an seinen Herrn und sein Wort gebunden. Ich habe diesen Gedanken etwas weiter entfaltet, weil man anhand dieser Stelle schon Besessenheit bei Paulus hat nachweisen wollen: Er soll von einem Gesetzlichkeitsgeist besessen gewesen sein, bekennt er doch: «Gebunden in meinem Geist gehe ich nach Jerusalem...». Paulus hätte dann mit anderen Worten gesagt: «Ich bin besessen und gehe nach Jerusalem...», was so absurd ist, daß man der Sache nicht weiter nachgehen mag. Es sei lediglich folgendes gefragt: Ist es logisch anzunehmen, daß erstens der Mann, der von Ephesus aus den Korinthern geschrieben hatte, er wolle nicht, daß sie Gemeinschaft mit den Dämonen haben, selbst solche Gemeinschaft unterhalte? und zweitens keiner der anwesenden Brüder ihn dann auf seine Pflicht hingewiesen hätte, sich von solch widergöttlicher Verbindung zu lösen?

l) synarpazesthai,
«zusammenraffen, zusammenziehen». Das Wort wird für den besessenen Gadarener gebraucht (nur in Luk. 8,29), der von einer ganzen Legion unreiner Geister geplagt wurde. Diese Geister «treiben» den armen Mann auch.

m) elaunesthai,

«getrieben werden» (Luk. 8,29). Beide Ausdrücke beziehen sich auf den Fall eines besessenen, ungläubigen Menschen.

Es wäre verfehlt, wollten wir aus dem bisher Gesagten schließen, erlöste Menschen seien vor jeglicher Beeinflussung satanischer Mächte gefeit. Das wäre nicht nur naiv, sondern auch gefährlich.

Darum folgt jetzt eine Reihe von Ausdrücken, die uns zeigen, in welcher Weise Christen dämonischem Wirken erliegen können:

a) koinonos ton daimonion ginesthai,

wörtl. «Gemeinschafter der Dämonen werden», meist übersetzt mit «Gemeinschaft haben» (1. Kor. 10,20). Im gleichen Zusammenhang bezeichnet Paulus die Gemeinschaft, in die der Gläubige mit Dämonen treten kann, mit der Metapher vom «Teilhaben» am Tisch und «Trinken» vom Kelch der Dämonen (V. 21). Ein mit **koinonos** verwandtes Wort ist das Hauptwort **koinonia**, «Gemeinschaft», das eine sehr innige Beziehung ausdrückt, und wir sollten nicht den von Paulus verwendeten Vergleich zwischen der innigen Gemeinschaft mit dem Herrn und der möglichen Gemeinschaft mit den Dämonen abschwächen. Wir sollten den Ausdruck stehen lassen. Aber genausowenig sollten wir Ausdrücke verwenden, die das Neue Testament in bezug auf Gläubige nie verwendet. Noch ein Hinweis zur «Gemeinschaft mit den Dämonen»: Wie konnte ein Christ in eine solche gotteswidrige Gemeinschaft treten? Dadurch, daß er als Kind Gottes weiterhin oder wiederum der Hurerei (1. Kor. 6,12–20) und dem Götzendienst (10,7–22) frönte.

Und was sollte er tun, um sich von solcher Gemeinschaft loszureißen? Nicht Dämonen austreiben, sondern die Hurerei und den Götzendienst *fliehen* (6,18; 10,14).

b) topon didonai,

«Raum geben» (Eph. 4,27). Hier sagt Paulus, wir sollen dem Teufel nicht Raum geben. Dieser Vers wird gerne angeführt, wenn man von okkulter Belastung spricht. Wichtig ist der Zusammenhang, nämlich daß Paulus hier sagt, wie man dem Satan

Raum gibt: durch zürnendes Nicht-vergeben-Wollen, also durch sündiges Verhalten. Implizit sagt er damit natürlich auch, wie dem Satan der Raum wieder entzogen wird: Dadurch daß man sein sündiges Verhalten bekennt und aufgibt, im vorliegenden konkreten Fall durch Vergeben. Das ist der Zusammenhang auch des nächsten Wortes:

c) pleonektethänai,

in den gängigen deutschen Übersetzungen durchaus treffend «übervorteilt werden» (2. Kor. 2,11). Das Verb setzt sich aus **pleon**, «mehr», und **echein**, «haben» zusammen. Ein **pleonektäs** ist jemand, der «mehr haben» will, also ein Habgieriger (Eph. 5,5). So verstehen wir das genannte Verb im Aktiv **pleonektein** mühelos als «mehr haben; mehr Anteil bekommen», das Passivum läßt sich (durch die syntaktische Maßnahme der Vertauschung von Objekt und Subjekt) sprachlich aktiv «jemandem mehr als gebührlich hergeben» umschreiben. Die Gläubigen in Korinth werden also gewarnt, dem Satan nicht mehr herzugeben als ihm zusteht, und genau das täten sie, wenn sie jenem reuigen, nicht namentlich genannten Mann nicht Vergebung und Wiederaufnahme in die christliche Gemeinde gewähren würden. Also auch hier gibt sündiges Verhalten (die Weigerung, jemandes Umkehr anzuerkennen) dem Teufel mehr Anrechte als ihm gebührt, nicht etwa spezielle Okkult-Sünden (die als Sünden dem Satan natürlich auch ungebührliche Macht über den Christen verschaffen).

d) saleuthänai,

«erschüttert werden», und **throeishtai**, «beunruhigt werden» sind mögliche Folgen, die einen Christen befallen, wenn er durch einen falschen Geist inspirierte falsche Lehren über das Kommen des Herrn (wie im vorliegenden Beispiel) annimmt (2. Thess. 2,2).

e) prosechein pneumasin planois

«achten auf Irrgeister» (1. Tim. 4,1), wörtl. (seine Aufmerksamkeit) «richten auf Irrgeister». Paulus sagt hier, daß ein massiver Abfall vom Glauben, d.h. vom Festhalten an den christlichen

Glaubensinhalten, durch Inspiration dämonischer Mächte eingeleitet und gefördert wird. Das betrifft einmal sicher die Christenheit als ganze, die größtenteils aus ungläubigen Bekennern besteht, ist aber auch eine Warnung an den einzelnen Gläubigen, der – wie 2. Thess. 2,2 schon gezeigt hat – durch satanische Geister zu Irrlehren verführt werden kann (wie Schwärmertum, Gesetzlichkeit usw.), wodurch er natürlich unter deren Macht gerät.

f) ektrepein opiso tou satana,

«sich abwenden hinter den Satan her» (1. Tim. 5,15) ist die von Satan beabsichtigte Folge seiner Verführungskünste. Bedenken wir: Ein Kind Gottes, das berufen ist, dem Herrn Jesus nachzufolgen (Joh. 21,22; 1. Pet. 2,21), folgt dem Widersacher Gottes nach. Wie ernst ist das!

g) pläroun tän kardian,

«das Herz erfüllen». Von Ananias wird gesagt, Satan habe sein Herz erfüllt (Apg. 5,3). Erschütternd, wenn wir daran denken, daß Gott es will, daß durch den Glauben Christus praktisch in unseren Herzen wohne (Eph. 3,17). Und wie kam es bei Ananias so weit? Durch Heuchelei, also durch Lüge. Beachten wir erneut: nicht durch irgendeine spezielle Okkult-Sünde. Wenn der Gläubige lügt, hat er nicht Gemeinschaft mit dem Sohn Gottes, der die Wahrheit ist, sondern mit dem Vater der Lüge (Joh. 8,44). Er vergißt dabei alles andere und ist so von seinen Gelüsten ergriffen, daß Satan statt Christus sein Herz erfüllt (vgl. Kol. 3,15), was wiederum nicht heißt, daß dieser Mensch besessen ist.

h) empesein eis pagida diabolou,

«in die Schlinge des Teufels hineinfallen» (1. Tim. 3,7: 2. Tim. 2,26). Wer in dieser Weise fällt, ist Satan in die Falle gegangen und damit sein Gefesselter. Wie kann der Gläubige in eine solche Schlinge geraten? Wiederum nicht durch Okkult-Sünden (manche nennen diese Greuelsünden), sondern durch Hochmut und anstößiges Benehmen (so in 1. Tim.) oder durch Annehmen von Irrlehren (so in 2. Tim.), und befreit wird man wiederum nicht durch Dämonenaustreibung, sondern durch *Buße* (2,25).

i) kolaphizein,

«mißhandeln, schlagen». Das Wort wird dort verwendet, wo die Juden den Herrn schlagen (Matth. 26,67; Mark. 14,65). Gemeint sind Backenstreiche oder Faustschläge. In 2. Kor. 12,7 lesen wir, daß dem Paulus ein Dorn für das Fleisch, ein Engel Satans gegeben wurde, um ihn zu **kolaphizein**, also in irgendeiner Form zu schlagen. Nun hat man auch hier versucht, bei Paulus eine Besessenheit nachzuweisen. Es ergäbe sich dann folgende Situation: Paulus hat von Gott so herrliche Offenbarungen empfangen, daß Gott ihn besessen machen muß, damit er sich nicht überhebe. Nur drei Beobachtungen zu dieser Theorie: Ein Dorn ist etwas, das einen von außen sticht, ist also kaum geeignet, ein Bild von einer in Paulus innewohnenden Geistesmacht zu sein. Das Verb **kolaphizein** bezeichnet Faustschläge und Backenstreiche, also ebenfalls von außen zudringende Belästigung. Schließlich müßte Gott Sich Selbst widersprechen, wenn Er einerseits nicht will, daß die Gläubigen Gemeinschaft mit den Dämonen haben (1. Kor. 10,20), andererseits aber Seinen Knecht Paulus besessen macht. Laßt uns auch beachten, daß Paulus in dieser Sache zum Herrn betet, nicht etwa anfängt dem «Engel Satans» zu gebieten. Man kommt mit dieser wunderlichen Theorie biblisch nicht durch, also lassen wir sie besser fallen. Offensichtlich hat es Gott aber zugelassen, daß ein Engel Satans dem Paulus in irgendeiner Form (was der Dorn im Fleisch konkret war, und wie wir uns die Backenstreiche konkret zu denken haben, wird uns nicht gesagt) so zusetzte, daß er sich seiner Schwachheit im Fleisch bewußt wurde und lernte, sich mit Gottes Gnade zu begnügen. Und damit lernte er ganz praktisch das Geheimnis wahrer geistlicher Kraft: «Wenn ich schwach bin, bin ich stark.»

k) paradounai to satana,

«dem Satan übergeben» (1. Kor. 5,5; 1. Tim. 1,20). Daß solches nur ein Apostel mit seiner besonderen, einmaligen Vollmacht tun durfte, steht außer Frage. Was geschah durch solches Übergeben? Es führte, sofern der Betroffene nicht Buße tat, «zum Verderben des Fleisches», will sagen im Extremfall – also bei ausbleibender Buße – zum körperlichen Tod (1. Kor. 10,5+6; 1. Kor. 11,30ff.).

l) diabolos ... zäton tina katapien,

«der Teufel ... suchend, jemand hinunterzuschlingen». Wenn jemand von einem Löwen verschlungen wird, ist er nicht mehr am Leben, also der Gemeinschaft der Lebendigen entrissen. So mag dieser Ausdruck bedeuten, daß der Teufel einen Christen so in Sünde hineinlocken oder -ziehen kann, daß dieser gänzlich die Gemeinschaft mit Gott und den Seinen verliert (nicht das Ewige Leben), bis er über seine Sünde Buße tut und wiederhergestellt wird, es sei denn, Gott habe zugelassen, daß er sterbe (vgl. 1. Joh. 5,16+17 und besonders 1. Kor. 5,5).

m) ginoskein ta bathea tou satana,

«die Tiefen des Satans erkennen» (Off. 2,24). Gemeint ist damit offensichtlich «diese Lehre», d.h. ein dogmatisches System, das Götzendienst und Hurerei tolerierte. Ganz allgemein wird hier bestätigt, was wir schon unter a) feststellten: Der Christ kann durch Sünde Gemeinschaft mit dem Satan haben. So wie ganz bestimmte Sünden zu solcher «Erkenntnis» führten, läßt uns das Sendschreiben an Thyatira unschwer das entsprechende Rezept zur Befreiung aus solcher Gemeinschaft erkennen: «Ich gab ihr Zeit, auf daß sie *Buße täte*.. von ihren Werken» (V. 21.22).

n) baskainein

«bezaubern, behexen» (Gal. 3,1). Der Irrtum der Galater war, daß sie zum Gesetz zurückkehren wollten. Der hier verwendete Ausdruck zeigt, daß Gesetzlichkeit oft ihren Ursprung in Lehren von Dämonen hat, und daß die Galater offenkundig durch eine falsche Lehre dämonisiert waren. Wichtig ist, daß Paulus nun nicht mit Dämonenaustreibungen dieser Bezauberung begegnen will, sondern durch Belehrung, die zur Erkenntnis der Wahrheit und zu Buße und damit zur Wiedererlangung christlicher Freiheit (5,1+13; vgl. Joh. 8,32) führen soll.

o) lambanein heteron pneuma,

«einen andersartigen Geist empfangen» (2. Kor. 11,4). Dieser Vers wurde darum erst am Schluß angeführt, damit wir ihn im Lichte alles bisher Gehörten beurteilen. Vielen Vertretern der Sicht, Gläubige könnten in dem Sinn besessen sein, daß man bei ihnen Teufel austreiben müsse, gilt dieser Vers als unwiderlegbare Legitimation für ihre Praxis. Erneut möchten wir sagen, daß uns in keiner Weise daran gelegen ist, die Macht Satans und satanischer Verführung zu verharmlosen. Wir stehen in einem unerbittlichen Kampf, in dem der Feind Gottes und der Seelen jeden Schwachpunkt, sei es Verharmlosung oder Überdramatisierung der Macht Satans, erbarmungslos zu seinem Nutzen ausschlachtet. Steht nun in diesem Textabschnitt wirklich, beim wiedergeborenen Christen müsse, wenn er einen falschen Geist empfangen habe, dieser durch Exorzismus vertrieben werden?

Folgende Tatsachen sprechen dagegen:

1. Das anderweitige Zeugnis der Schrift spricht gegen die Sicht, bei Kindern Gottes müsse man Dämonen austreiben. Auch hier steht von Dämonenaustreibung kein Wort.

2. Es scheint das primäre Anliegen des Paulus hier ein anderes zu sein als die mögliche satanische Verstrickung des einzelnen Kindes Gottes, wie die von ihm verwendeten Ausdrücke vermuten lassen. Beachten wir zunächst, daß die beiden Begriffe **pneuma** und **lambanein** nicht implizieren *müssen*, daß jemand einen Satansgeist in sich aufnimmt. Einige Wendungen mit dem Verb **lambanein** können das verdeutlichen: «das Kreuz aufnehmen» (Matth. 10,38); «Rat halten» (gr. «nehmen», Matth. 22,15); «Staunen ergriff alle» (Luk. 5,26); «empfangt Heiligen Geist» (Joh. 20,22); Apg. 3,5: eine Gabe «empfangen». 2. Joh. 10: einen Reisenden in sein Haus «aufnehmen». Allerdings wird die Wendung, «den (Heiligen) Geist empfangen» (Gal. 3,2), den Sohn Gottes «aufnehmen» auch mit dem Verb **lambanein** gebildet, worauf wir bei der persönlichen Anwendung des Verses zurückkommen müssen. Sodann muß **pneuma** nicht in jedem Fall eine Person sein. (Obwohl das hier wahrscheinlich der Fall ist. Es geht uns einfach darum zu zeigen, wie gut wir Wortlaut und Sprachgebrauch abwägen müssen, um nicht voreilige Entscheidungen zu treffen.) Bekanntlich kann das Wort **pneuma**

ähnlich dem hebräischen **ruach** für folgendes stehen: Wind (Joh. 3,8), Atem, Hauch (2. Thess. 2,8), Lebensodem (Off. 11,11), sittliche Disposition (Matth. 5,3; 26,41; Luk. 1,17; Gal. 6,1 etc.) und für Personen wie Gott (Joh. 4,24), Engel (Hebr. 1,14) und Menschen (Hebr. 12,23).

3. Vor allem aber spricht Paulus hier nicht von einer Einzahl («Wenn jemand einen anderen Geist empfängt...»), sondern von einem Kollektiv: «Wenn ihr einen anderen Geist empfangt...». Laßt uns vom Extrembeispiel Babylon aus veranschaulichen, was wir mit dieser Feststellung meinen: Babylon ist die große Endzeitkirche, in der nicht mehr der Heilige Geist wohnt, sondern ein Dämonenheer (Off. 18,2). Das ganze System ist ein Kollektiv, das von fremden Geistern vollständig in Besitz genommen ist. Zwischen dem göttlichen Ideal für eine christliche Kirche und dem hier genannten extremen Gegenüber gibt es natürlich graduelle Abstufungen, so daß durchaus in einem Kollektiv sowohl der Geist Gottes als auch Geister Satans wirken können. In dem Sinne gesehen kündigt Paulus im 2. Korintherbrief eine Entwicklung an, dessen Ende uns Johannes in der Offenbarung enthüllt. Daß nun der Herr oft ein Kollektiv anspricht, zeigen die Sendschreiben, die wir gar nicht richtig verstehen können, wenn wir sie ausschließlich auf den einzelnen anwenden. So kann der Herr zu einer ganzen Gemeinde sagen, Er stehe vor der Tür, obwohl Er bei einzelnen in ihrem Herzen wohnen kann (Off. 3,20). Ähnlicherweise ist es wohl möglich, daß böse Geister in einer Gemeinde wirksam sind, wobei das aber für jedes einzelne Gemeindeglied nicht der Fall sein muß (wohl aber kann). Beachten wir ferner, daß hier ein anderer Jesus gepredigt wird. Nicht ein anderer Christus, was ja auch denkbar wäre. Vielleicht ist die vollständigste Erfüllung dieser Prophetie des Paulus (er verlegt das Geschehen dadurch in die Zukunft, daß der Verkündiger dieses falschen Jesus **ho erchomenos**, «der Kommende» genannt wird) die Verkündigung eines nur mehr «historischen Jesus» durch die liberale Theologie, dem die menschliche historische Existenz zuerkannt, die Gottheit aber aberkannt wird. Darum übrigens **allos** für «anderer», nicht **heteros**, denn letzteres hieße ein «fremder Jesus», und darum geht es nicht. Die liberale Theologie spricht vom

gleichen Jesus von Nazareth, den auch wir bekennen. Nur streichen sie von Ihm alle mit der Gottheit zusammenhängenden Taten und Attribute. Das «andere Evangelium» und der «andere Geist» sind jeweils mit dem Wort **heteron** bezeichnet, also «anderer/s» im Sinne von fremdartig. Ein fremdartiges Evangelium trägt auch einen fremdartigen Geist. Die Katholische Kirche ist in der Christologie weitgehend bibeltreu geblieben, ist also nicht in dem Maße wie der abgefallene Protestantismus durch einen anderen Jesus geprägt, sie verkündigt aber ein anderes Evangelium, und darum wirkt in der Katholischen Kirche auch ein anderer Geist. Die Worte des Paulus sind also viel weitreichender als die individuelle Deutung einer Besessenheit des einzelnen Kindes Gottes: Er kündigt die zukünftige Entwicklung der gesamten Christenheit an. Das schließt natürlich nicht die individuelle Anwendung aus, so daß wir von hier aus auch damit zu rechnen haben, daß ein Christ einen falschen Geist aufnehmen kann und in der Folge Gemeinschaft mit Dämonen hat (vgl. 1. Kor 10,20). Solches kategorisch leugnen zu wollen, könnte ebenso gefährlich sein; denn was, so müssen wir uns fragen, geschieht, wenn jemand *nach* der Wiedergeburt die sogenannte «Geistestaufe» erlebt und dabei vermeintlich «den Heiligen Geist» empfängt? Gewiß läßt sich vieles, aber genau so gewiß nicht alles, als bloß emotional abtun. Aber das ist deswegen keine Aufforderung an uns, bei Gläubigen Dämonen zu exorzieren. Auch hier ist der Weg der Befreiung Buße zur Erkenntnis der Wahrheit, Ablegen und Abweisen der Lüge und Rückkehr zur «Einfalt gegenüber Christus» (11,3). Und tatsächlich wird dieser Text niemanden auf den Gedanken bringen, Dämonen auszutreiben, wenn er nicht schon von einer entsprechenden Meinung voreingenommen ist. Dann freilich wird er etwas hineinlesen, was gar nicht dasteht.

Darum ist auch der Exorzismus in bibelgläubigen Kreisen durch die Jahrhunderte kaum praktiziert worden. Wenn er auftrat, dann gewöhnlich im Zusammenhang mit schwärmerischen Strömungen und in Randgruppen oder -grüpplein sowie in der Katholischen Kirche, die sich als Verwalterin apostolischen Erbes und als allein in apostolischer Sukzession stehende Kirche verstanden und natürlich auch immer als mit allen entsprechenden Vollmachten ausgestattet angesehen hat. Dazu sagt der katholische Theologe A.P. Rodewyk, stellvertretend für viele: «*Als Zeichen aber werden denen, die glauben, diese folgen: In meinem Namen werden sie Teufel austreiben... Aus der Verleihung dieser Macht ergibt sich, daß nach der Auffassung Christi auch weiterhin Teufelaustreibungen und wunderbare Krankenheilungen nötig sein werden. Oder anders ausgedrückt: Er will auch in Zukunft den Besessenen und Kranken weiter zu Hilfe kommen wie bisher, und zwar durch die Kirche, die ja der fortlebende Christus ist. Tatsächlich ist denn auch die Kirche in ihrem Gang durch die Jahrhunderte immer wieder Besessenen begegnet, hat sich ihrer angenommen und sie geheilt.*» (Die dämonische Besessenheit, S. 46). Bereits der frühkatholische Kirchenvater Tertullian (Ende 2. und 3. Jahrhundert) kennt eine detaillierte Dämonologie, zu der Beschwörung der Dämonen, Zwingen der Dämonen, sich namentlich zu erkennen zu geben und Austreibung der Dämonen gehört. So schreibt er in der Absicht, die Heiden davon zu überzeugen, daß ihre Götter Dämonen sind: «*Stellt hier vor euren Tribunalen irgend jemanden auf, von dem es feststeht, daß er von einem Dämon besessen ist. Auf den Befehl eines beliebigen Christen zu reden wird jener Geist sich ebenso gewiß als einen Dämon wahrheitsgemäß bekennen, wie er sich anderswo lügnerisch für einen Gott ausgibt... Indem sie Christus in Gott und Gott in Christus fürchten, müssen sie sich den Dienern Gottes und Christi unterwerfen. Wenn wir sie berühren und anblasen, so werden sie durch die Betrachtung und Vergegenwärtigung des zukünftigen Feuers in Bestürzung versetzt und verlassen auf unseren Befehl die Körper (der Kranken) mit Unwillen und Schmerz und voll Scham. Glaubet ihnen, wenn sie über sich selber die Wahrheit sagen...*»(Tertullian, Apologeticus, zitiert bei A. von Harnack, Mission und Ausbreitung des Christentums, S. 160, 161). Weder die Katholische Kirche[1] noch schwarmgeistige Gruppierungen haben sich ihrer Dämonenaustreibungen geschämt, sondern sie immer wieder öffentlich in ihrem Schrifttum bezeugt. Trat nun

---

1   Siehe A. Rodewyk, Die dämonische Besessenheit im Lichte des Rituale Romanum, Aschaffenburg 1963, und: Dämonische Besessenheit heute, Aschaffenburg 1966. Sehr breit angelegt und dogmatisch begründet ist die Behandlung der Phänomene der Besessenheit mitsamt Exorzismus in Egon von Petersdorf, Dämonologie, 2. Bde, Stein am Rhein 1982.

Exorzismus in bibelgebundenen Kreisen auf, stieß er traditionell nie auf einhellige Zustimmung, sondern wurde stets argwöhnisch bis offen kritisch behandelt.

Deshalb wirken Okkult-Seelsorger, die ihre Ansichten auch unter solchen Gemeinden verbreiten wollen, vielfach mehr oder weniger im verborgenen. Deshalb nennt man oft den Exorzismus oder die Dämonenaustreibung von Außenstehenden nicht beim Namen, sondern verwendet den nur gute Assoziationen weckenden Begriff «Seelsorge». Warum diese beschönigende Umschreibung? Und warum werden solche Dinge meist in einem Kreis eingeweihter Spezialisten diskutiert und praktiziert? Warum kann man nicht frank und frei zu seinen Praktiken stehen? Der Epheserbrief sagt: *«Was heimlich von ihnen geschieht ist schändlich selbst zu sagen»* (5,12). Nicht daß wir von Ratsuchenden anvertraute Seelsorgegeheimnisse ausplaudern sollen; das tut kein verantwortungsbewußter Seelsorger. Aber seine Methoden, seine Prinzipien und seinen Dienst kann doch der Seelsorger ohne jede Geheimniskrämerei offen auf den Tisch legen. Paulus kann gegenüber den Korinthern bezeugen: *«... sondern haben abgesagt der Verheimlichung aus Scham und gehen nicht mit Ränken um, fälschen auch nicht Gottes Wort; sondern durch Offenbarung der Wahrheit empfehlen wir uns jedem menschlichen Gewissen vor Gott»* (2. Kor. 4,2).

Das ist eine deutliche Absage an alles Esoterische, das heißt Geheimwissen angeblich besonders Vollmächtiger und mit «Einsicht» Begabter.

Die Waldenser, der englische Bibelübersetzer Wyclif und die Hussiten wandten sich in Abgrenzung von der katholischen Lehre gegen jede Art des Exorzismus. Auch Jonathan Edwards, der große Prediger des amerikanischen Great Awakening, George Whitefield, der englische und der amerikanische Methodismus haben keinen Platz für Dämonenaustreibungen gehabt.

Der Pietismus, allen voran J.Chr. Blumhardt, bildet eine Ausnahme. Aber konsequenterweise hat Blumhardt die Dämonenaustreibungen als ein Zeichen des anbrechenden neuen Zeitalters gesehen: *«Wenn denn auch in unserer Zeit sollte wieder Macht über die Dämonen gegeben werden, so müßte das als eine Erscheinung von der größten Tragweite anzusehen sein, und ein sicheres*

Zeichen von der Nähe des Herrn und der kommenden Vollendung seines Reiches»[1]

Luther behielt die von Cyprian von Karthago (3. Jahrhundert) erstmals sicher bezeugte und bis heute vertretene katholische Praxis des Taufexorzismus leider bei. Aber weder der Straßburger Reformer Bucer, noch Zwingli noch Calvin wollen etwas von dieser Praxis und Lehre wissen. Ich behaupte nicht, daß die Mehrheit bibelgläubiger Christen immer recht hat, aber gerade die Beobachtung, daß bibeltreue Kreise gesamthaft gesehen den Exorzismus abzulehnen pflegten, ist ein Zeugnis, das uns zumindest zu großer Behutsamkeit bewegen soll.

---

1 J. Chr. Blumhardt, Schriften, Bd I, S. 315. Wichtig ist hier sicher auch zu bemerken, daß ein Blumhardt mit seinen Zeitgenossen die Dämonenaustreibungen als ein seit den Anfängen der christlichen Kirche nicht mehr gekanntes Phänomen ansahen; dies, wie wir gesehen haben, im Gegensatz zur Katholischen Kirche. Auch hat Blumhardt selbst einige seiner Praktiken revidieren müssen, denn er schreibt: «... Ich lasse keinen Dämon mehr reden ... und wenn er nicht schweigt, gehe ich.» («Seelsorge» 1853, S. 145)

Der Christ und die dämonischen Mächte: «Weichet nicht zur Rechten noch zur Linken»

1. Ein persönliches Zeugnis

Wenn ich im folgenden versuche, zwei Irrwege zu diesem Thema aufzuzeigen, tue ich dies zunächst aus einer ganz persönlichen Perspektive. Ich selbst habe aus Angst vor einer Verharmlosung okkulter Praktiken und dämonischer Beeinflussung längere Zeit in der Seelsorge ratsuchenden Menschen angeboten, durch spezielles Vorgehen von dämonischen Mächten freizuwerden. Daß Menschen überhaupt jegliche Möglichkeit einer dämonischen Beeinflussung bei Christen leugnen, war mir lange Zeit Argument genug, um in meiner Position zu verharren.

Ich schreibe daher im folgenden als jemand, der diejenigen gewinnen möchte, die einst wie er gedacht haben oder durch seine Seelsorge gegangen sind. Dies bin ich allen schuldig, die ich irregeleitet habe. Es ist ein Unterschied, ob jemand, der in der Seelsorge gewesen ist, erkennt, daß ihm falsche Hilfe angeboten wurde, oder ob ein Seelsorger erkennt, diese falsche Erkenntnis jahrelang weitergegeben zu haben (vgl. Jak. 3,1). Ich habe meine frühere Sicht auf schriftlichem Wege verbreitet (vor allem in: Thomas Schirrmacher, Okkultismus, Hauskreis Intern Nr. 1/1982, S. 1–12, Lörrach 1982 und in mehreren Flugblättern) und möchte mein Umdenken daher ebenfalls auf schriftlichem Wege bezeugen.

Im folgenden möchte ich «meine Geschichte» erzählen und nicht mit Seelsorgebeispielen aufwarten, da ich zu lange lehrmäßige Aussagen mit Erfahrungen untermauert habe. Ich kann auf der anderen Seite nicht meine gegenwärtige Sicht der Dinge systematisch darlegen, da das viel mehr Raum in Anspruch nehmen würde. Ich möchte stattdessen anhand einiger Bibeltexte zeigen, was mich zu einer Meinungsänderung bewogen hat. Ich habe die Hoffnung, auf diese Weise vielen meiner Freunde, die meine frühere Position noch heute vertreten, meinen Weg verständlich zu machen, ja sie dafür zu gewinnen.

2. Die Gratwanderung

«Er soll ... diese Ordnungen bewahren, sie zu tun, damit sein Herz sich nicht über seine Brüder erhebt und er von dem Gebot weder zur Rechten noch zur Linken abweicht...» (5. Mose 17,19–20).

Was dem zukünftigen König Israels galt, wird im Alten Testament häufig im Zusammenhang mit dem Halten des Gesetzes gefordert. Das Wort Gottes soll bewahrt werden, was ein Abweichen zur Rechten ebenso wie ein Abweichen zur Linken ausschließt (5. Mose 5,32; Jos. 1,7; 23,6; Spr. 4,27; vgl. 4. Mose 20,17).

Was das Alte Testament andeutet, findet sich immer wieder in der gesamten Bibel. Man kann sich von dem Wort Gottes auf mehr als eine Art entfernen. Und mit dem Entfernen von Gottes Wort stellt sich allzu leicht der Hochmut ein, wie unser Vers zeigt.

Der Teufel schickt uns viele Irrtümer paarweise auf den Hals. Für solche Probleme haben wir in der deutschen Sprache manche Redewendungen. Wir sprechen von einer «Gratwanderung», bei der es gleichgültig ist, ob man rechts oder links abstürzt. Wir sprechen davon, daß man «auf zwei Seiten vom Pferd fallen kann» und meinen damit, daß das Fallen auf die eine Seite nicht besser als das Fallen auf die andere Seite ist. Wir sprechen vom «goldenen Mittelweg», der zwischen zwei falschen Lösungen hindurchführt (wobei diese Formulierung durch ihren buddhistischen Hintergrund für unsere Zwecke schlecht zu gebrauchen ist). Wer die eine Gefahr bekämpft, fällt allzu leicht der anderen zum Opfer. Wer bei einer Gratwanderung nicht auf den geraden Weg schaut, sondern meint, vom rechten Abgrund noch mehr Abstand halten zu müssen, stürzt sicher links ab. Wer sich beim Reiten nach links hinüberlehnt, um nicht rechts herunterzufallen, bringt sich in große Schwierigkeiten. Das Gegenteil des Falschen ist noch lange nicht das Richtige!

3. Das Beispiel der Gemeinde in Korinth

Unsere Redewendungen können natürlich keine geistlichen Wahrheiten begründen. Daher wollen wir uns über die eben zitierten Warnungen des Alten Testamentes hinaus als Beispiel die Gemeinde in Korinth herausgreifen.

Die Gemeinde in Korinth war in fast allen Fragen geteilter Meinung. Paulus gab jedoch praktisch nie einer von beiden Parteien recht. Er mußte beide Parteien gleichermaßen ermahnen, da beide Meinungen nicht dem göttlichen Denken entsprachen. Schauen wir uns einige der Streitpunkte an, wobei wir damit schon fast alle Kapitel des 1. Korintherbriefes erfassen:

1. Beispiel: Pro und contra Paulus (1. Kor. 1–4)

Die einen verehrten Paulus in einem Maße, daß Paulus fragen muß: «Ist etwa Paulus für euch gekreuzigt ... worden?» (1. Kor. 1,13). Andere sprachen Paulus jedoch jegliche Autorität ab. Ihnen gegenüber mußte Paulus auf seiner Berufung zum Apostel bestehen. Die Wahrheit, daß Paulus von Gott große Wahrheiten anvertraut bekam, wurde von den einen zerstört, in dem sie Paulus selbst zum Mittelpunkt machten, von den anderen, indem sie – vielleicht als Reaktion darauf – Paulus und damit letztlich die von ihm verkündigte Offenbarung verachteten (vgl. ingesamt 1. Kor. 1–4).

Was wir im Bibelzitat am Anfang hörten, muß auch Paulus den Korinthern entgegenhalten. Wer nicht bei dem bleibt, was in der Bibel steht, wird hochmütig: *Dies aber, Brüder, habe ich auf mich und Apollos bezogen um euretwillen, damit ihr an uns lernt, nicht über das hinaus zu gehen, was geschrieben steht, damit ihr euch nicht für den einen auf Kosten des andern aufblähet»* (1. Kor. 4,6). Eine unbiblische Meinung abzulehnen, ist noch keine Garantie dafür, selbst nicht im Irrtum zu leben und ebenso hochmütig zu sein, wie man es beim Gegenüber sieht.

2. Beipiel: Die Gemeindezucht (1. Kor. 5–6)

Ein wesentlicher Anlaß des 1. Korintherbriefes war die fehlende Gemeindezucht der Gemeinde in Korinth (1. Kor. 5–6). Die Gemeinde duldete Menschen in ihrer Mitte, die durch ihr Handeln Gott längst den Rücken gekehrt hatten. Aus Liebe sollen sie vor die Konsequenz des Ausschlußes aus der Gemeinde gestellt werden, weil dies vielleicht die letzte Möglichkeit zur Umkehr oder Einsicht ist, wie es sich dann ja auch im 2. Korintherbrief beweist. (Es war übrigens derselbe Paulus, der hier klare Konsequenzen fordert, der aber auch nach Gemeindezucht und Buße der Ausgeschlossenen entschieden für die Wiederaufnahme plädierte, die manche Übereifrige verweigern wollten.)

Es wird leicht übersehen, daß es auch eine andere Strömung in Korinth gab, die die Gemeindezucht ernst nahm, den verbotenen Kontakt mit Götzendienern und Unzüchtigen aber auch auf Ungläubige ausdehnte. Paulus konnte darin nicht besonderen Glaubenseifer erkennen, sondern weist sie genauso scharf zurecht, wie jene, die Gemeindezucht für überflüssig hielten:

«*Ich habe euch in dem Brief geschrieben, nicht mit Unzüchtigen Umgang zu haben: aber durchaus nicht mit den Unzüchtigen dieser Welt oder den Habsüchtigen und Räubern oder Götzendienern, sonst müßtet ihr aus der Welt hinausgehen. Nun aber habe ich euch geschrieben, keinen Umgang zu haben, wenn jemand, der Bruder genannt wird, ein Unzüchtiger ist oder ein Habsüchtiger oder ein Götzendiener oder ein Lästerer oder ein Trunkenbold oder ein Räuber, mit einem solchen nicht einmal zu essen. Denn was habe ich zu richten, die draußen sind? Richtet ihr nicht, die drinnen sind? Die draußen sind, richtet Gott. Tut den Bösen von euch hinaus!*»* (1. Kor. 5,9–13).

Dieselben Christen in Korinth, die auf der einen Seite Ehebruch in ihren eigenen Reihen duldeten, riefen dazu auf, mit nichtchristlichen Ehebrechern völlig zu brechen, anstatt ihnen das Evangelium von der Gnade und Vergebung Gottes zu verkündigen.

3. Beispiel: Zur ehelichen Liebe (1. Kor. 6–7)

Auch zur Frage der Sexualität muß Paulus die biblischen Normen nach zwei Seiten hin verteidigen (1. Kor. 6–7). Während die einen den Besuch im Bordell für völlig harmlos hielten, hielten die anderen die Sexualität selbst in der Ehe für schädlich. Paulus muß die einen energisch fragen, ob sie noch nie etwas davon gehört hätten, daß der Körper des Christen ein Tempel des Heiligen Geistes ist (1. Kor. 6,19). Wenige Verse weiter schon erinnert er die anderen an ihre eheliche Pflicht und hält eine «platonische Ehe» für sehr gefährlich (1. Kor. 7,5). Paulus ist nicht bereit, sich mit der einen Seite gegen die andere zu verbünden, denn ein Irrtum darf nicht mit einem anderen Irrtum bekämpft werden, sondern mit der offenbarten Wahrheit. Gerade die Frage der Sexualität zeigt, daß die beiden unbiblischen Extreme bis heute die Kirchengeschichte bestimmen. Zeiten falscher Freizügigkeit werden von Zeiten falscher Prüderie abgelöst, wobei jede Partei immer die Stellen des Korintherbriefes zitiert, die den Gegner betreffen. Die biblische Lehre lautet jedoch anders: Gott hat die Sexualität zur Freude und zum gegenseitigen Liebesausdruck in der Ehe geschaffen, jede andere Art der Sexualität jedoch streng verboten. Schade, daß es uns oft so schwer fällt, einfache biblische Wahrheiten auch einfach zu belassen.

4. Beispiel: Die Geistesgaben (1. Kor. 12–14)

Die Geistesgaben (1. Kor. 12–14) sind ein weiteres Beispiel aus Korinth. Die einen hielten alles für erlaubt und richtig, was passierte, die anderen reagierten darauf, indem sie alles ablehnten und dabei letztlich dem Geist wehrten. Paulus wendet sich immer wieder gegen beide Seiten und ruft zur göttlichen Ordnung zurück.

5. Beispiel: Zum Götzenopferfleisch (1. Kor. 8–10)

Als letztes Beispiel aus der korinthischen Gemeinde soll uns das Götzenopferfleisch dienen. Im Zusammenhang mit der Frage des Götzenopferfleisches kommen wir auch direkt zu unserem Thema «Der Christ und die dämonischen Mächte».

Die Kapitel 8 und 10 des 1. Korintherbriefes wurden schon oft mißverstanden, weil man übersah, daß Paulus hier zwei konträre Meinungen nacheinander angeht.

Die eine Seite: Paulus zur Götzenopferfeier
(1. Kor. 8–10,22)

Auf der einen Seite gab es Christen in der korinthischen Gemeinde, die ohne Bedenken an Götzenopferfeiern im Tempel teilnahmen und das auf ihre großartige «Erkenntnis» zurückführten, von der Paulus nur ironisch spricht (1. Kor. 8,1–3):

«Denn wenn jemand dich, der du Erkenntnis hast, im Götzentempel zu Tisch liegen sieht...» (1. Kor. 8,10).

Ihre Argumentation lautet, daß es außer Gott keine Götzen gibt. Paulus versucht, ihnen zunächst klar zu machen, daß schon die Tatsache, daß sie andere von ihnen «schwach» genannte Christen dadurch in Gefahr bringen, ausreichen müßte, um sie davon abzuhalten, im Tempel zu Tisch zu liegen. In Kapitel 9 gibt er mehrere Beispiele dafür, wie er als Vorbild ebenfalls verzichtet, damit anderen geholfen werde.

Indem man Kapitel 9 und 10 von Kapitel 8 trennt, verpaßt man jedoch die eigentliche Antwort des Paulus auf die Frage in Kapitel 8, ob es wirklich erlaubt sei, an Götzenopfern teilzunehmen. Man übersieht, daß Kapitel 8 nur eine erste Antwort gibt, während Kapitel 10 die eigentliche Antwort darstellt. Würde Kapitel 10 keine Antwort auf Kapitel 8 sein, hinge es völlig in der Luft.

Zunächst hält Paulus den Korinthern das negative Vorbild der Israeliten entgegen. Neben der Unzucht und der Unzufriedenheit über Gott erscheint schon hier der Götzendienst.

«Werdet auch nicht Götzendiener, wie einige von ihnen, wie geschrieben steht: Das Volk setzte sich nieder, um zu essen, und zu trinken, und sie standen auf, um zu spielen.» (1. Kor. 10,7).

Daß Paulus damit die «Erkenntnis» jener meint, die im Tempel zu Tisch lagen, wird ab Vers 14 vollends deutlich: *«Darum, meine Geliebten, flieht vor dem Götzendienst ...»* (1. Kor. 10,14a).

Nachdem er erklärt hat, weshalb sich Götzendienst und Verehrung Jesu nicht vertragen, zieht er in aller Deutlichkeit den Schlußstrich:

«Ihr könnt nicht des Herrn Kelch trinken und der Dämonen Kelch; ihr könnt nicht am Tisch des Herrn teilnehmen und am

Tisch der Dämonen. Oder wollen wir den Herrn zur Eifersucht reizen? Sind wir stärker als er?» (1. Kor. 10,21–22).

Spätestens hier wird deutlich, was Paulus von der Erkenntnis der Götzendiener aus Kapitel 8 hält. Ihre Erkenntnis war niemals wahre Erkenntnis, da die wahre Erkenntnis niemals gegen die Liebe handeln würde (1. Kor. 8,1–13).

Doch kehren wir kurz zur Begründung zurück. Was hält Paulus dem Argument entgegen, daß es nur einen Gott und keinen Götzen gibt, das durchaus dem Alten Testament entsprach (z.B. 1. Sam. 2,2). Paulus stellt das gar nicht in Frage. Er stimmt sogar darin überein, daß alles Äußerliche an den Götzen nichts ist, also das Götzenbild oder das vor ihnen geopferte Fleisch. Aber hinter dem Götzendienst steht für ihn die Verehrung des Teufels und seiner Dämonen:

«Was sage ich nun? Daß das einem Götzen Geopferte etwas sei? Oder daß ein Götzenbild etwas sei? (Nein), sondern daß das, was sie opfern, sie den Dämonen opfern und nicht Gott» (1. Kor. 10,20).

Die Lehre, daß hinter dem Götzendienst Dämonen stehen, findet sich ebenfalls schon im Alten Testament (3. Mose 17,7; 5. Mose 32,17; 2. Chr. 11,15; Ps. 106,37; vgl. weiter bei Helge Stadelmann, Das Okkulte, Brunnen Verlag, Gießen 1981, S. 10–11). So kann das Alte Testament schärfstens vor jedem Götzendienst warnen, wie es im 1. Gebot zum Ausdruck kommt (2. Mose 20,1ff; 5. Mose 5,6–10), sich zugleich aber in bitterster Ironie über die Götzenbilder lustig machen, die nicht reden, hören oder helfen können (Ps. 115,4–7; 135,15–17; Jes. 44,9–17; Jer. 10,3–9; Hab. 2,18–19; 2. Mose 32,4; 1. Kön. 12,28). Dagegen wird in der Bibel verboten, sich über Dämonen oder den Teufel lustig zu machen (vgl. 2. Petr. 2,10–11; Jud. 9–10). Wer also aus dem Alten Testament nur die eine oder nur die andere Seite zitiert, führt von der eigentlichen Wahrheit weg.

Die andere Seite: Paulus zum Götzenopferfleisch (1. Kor. 10,24–33)

Erst jetzt wendet sich Paulus der anderen Seite zu. Was er in

l. Kor. 10,24–33 sagt, gilt nicht mehr denen, die an der Götzen-opferfeier selbst teilnahmen, sondern den anderen, die jede Be-rührung mit Götzenopferfleisch an sich vermeiden wollten. Paulus ist weit davon entfernt, die Warnung vor der Götzen-opferfeier als Verehrung der Dämonen auf das Götzenopferfleisch zu übertragen. Er hatte doch gerade erklärt, daß die Götzenbil-der nichts sind, aber durch die Götzen die Dämonen verehrt werden. Wenn schon das Götzenbild eigentlich nur Materie ist, wieviel mehr muß das für das Fleisch gelten, das anschließend ganz normal auf dem Markt verkauft wurde? Weil alles in dieser Welt dem Herrn gehört (1. Kor. 10,26), darf auch alles ohne Nachforschen gegessen werden. Selbst wenn ein Nichtchrist bei einer Einladung Fleisch anbietet, darf alles gegessen werden (1. Kor. 10,27).

Nur eine Ausnahme macht Paulus. Wenn der Nichtchrist sei-nen gläubigen Besuch eigens darauf aufmerksam macht, daß er ihm Götzenopferfleisch anbietet, soll der Christ ablehnen. Nur so kann er seinem Gastgeber bezeugen, daß er den Götzen kei-ne Ehre erweist (1. Kor. 10,28). Doch Paulus betont sofort, daß der Grund dafür nicht darin liegt, daß das Essen dieses Fleisches Sünde wäre («nicht um des eigenen Gewissens willen»), son-dern in der Verwirrung, die beim anderen ausgelöst wird («we-gen des Gewissens des anderen») [1. Kor. 10,28–29]. Darüber-hinaus will er grundsätzlich, daß Christen versuchen, keinen unnötigen Anstoß zur Sünde zu erregen, selbst dann nicht, wenn ihnen das, was ein Anstoß zur Sünde erregen könnte, grundsätzlich erlaubt ist (1. Kor. 10,29–11,1). Damit argumen-tiert Paulus genauso wie in Römer 14 und 15, auch wenn man berücksichtigen muß, daß dort vom Götzenopferfleisch nicht die Rede ist, sondern nur ähnliche Probleme zur Sprache kom-men.

4. Beispiele für die Situation heute

Wenn wir die Situation in Korinth anschauen und dazu die lehrmäßigen Antworten des Paulus berücksichtigen, können wir feststellen, daß es im Umgang mit den dämonischen Mäch-ten für Christen zwei Gefahren gibt. Einerseits kann man die

Macht der Finsternis unterschätzen und meinen, daß okkulte Mächte uns sowieso nichts anhaben können, ja, daß ihre Existenz für das Glaubensleben des Christen völlig belanglos ist. Andererseits kann man die Macht der Dämonen überschätzen und Dinge für dämonisch halten, die in Wirklichkeit Gott unterstellt und ungefährlich sind.

Beide Gefahren existieren heute wie eh und je. Die einen werden nicht müde, vor denen zu warnen, «die hinter jedem Busch einen Dämon sehen». Die anderen bekämpfen ebenso diejenigen, die «mit dem Feuer spielen» und in der Seelsorge nicht auf die Gefahren dämonischer Beeinflussung aufmerksam machen. In der Hitze des Gefechtes merken beide nicht, daß es ihnen wichtiger ist, die (ja tatsächlich) falsche Position des Gegners zu entlarven, als die biblische Position zu erreichen. Beide Seiten warten mit vielen Beispielen, ja bisweilen mit Horrorgeschichten auf, ohne zu merken, daß Erfahrungstheologie praktisch alles begründen und widerlegen kann. Es muß aber unsere Aufgabe sein, die biblische Mitte zu erforschen und uns auf der Grundlage der Bibel zu treffen. Die Entscheidung kann nicht sein, wer von beiden recht hat, sondern welches der biblische Weg ist. Sicher kann keiner von uns behaupten, diesen Weg unfehlbar erkannt zu haben, weshalb ich sehr daran interessiert bin, mit beiden Seiten ins Gespräch zu kommen oder auch darauf hingewiesen zu werden, wo ich aus Angst vor einer falschen Lehre selbst etwas Falsches vertrete. Jeder muß deswegen auch alles hier Gesagte anhand der Bibel überprüfen, wenn er Gott und nicht einem Menschen gehorchen will (vgl. Mark. 7,1–15).

1. Beispiel

Ein typisches Beispiel, daß die Diskussion zwischen beiden Seiten oft an biblischen Fragestellungen vorbeigeht, soll ein Heft von Heino Promm sein (Heino Promm: Dämonen und können Kinder Gottes von Dämonen besessen sein?, Das Thema 10, Dillenburg 1984; englisch: Demons and Demon Posession – What Says the Scripture, Everyday Publication, Scarborough/ Kanada 1984).

Das Heft ist wohl als Stellungnahme gegen die falsche Praxis der Dämonenaustreibung bei Gläubigen gedacht. Zwei Argumente dürften die Säulen der Stellungnahme sein: 1. Ein Gläubiger, der vom Heiligen Geist erfüllt ist, kann unmöglich von Dämonen besessen sein – eine Tatsache, die man wirklich unschwer aus der Bibel belegen kann. 2. Keine einzige Schriftstelle erwähnt die Notwendigkeit des Exorzismus bei Gotteskindern, was ebenso biblisch gerechtfertigt ist.

Auch wenn beide Aussagen biblisch begründbar sind, ergeben sich für mich zwei Bedenken. Zum einen wird hier gar nicht erst versucht, die Meinung der Gegner richtig wiederzugeben. Wer aber jemanden widerlegen will, muß sichergehen, dessen falsche Meinung richtig wiederzugeben. Andernfalls wird sein Gegner nur sagen: Das betrifft mich ja gar nicht. Viele gute und biblische Argumente verpuffen, wenn sie nicht auf das angewandt werden, was der andere als Irrlehre vertritt. Wer die Position des anderen verzerrt, macht sich selbst das Argumentieren einfach, wird aber keinem Irrenden zur Hilfe.

Daneben ergibt sich für mich ein zweites Problem in Promms Argumentation. Seine Schrift scheint unser Thema ein für alle mal zu erledigen. Man hat zu wählen. Entweder man glaubt, daß ein Christ besessen sein kann und dann einen speziellen Exorzismus benötigt oder man glaubt, daß ein Christ nicht besessen sein kann und es deswegen auch keiner Austreibung bedarf.

Das ist jedoch eine falsche Alternative. Daß dämonische Mächte einem Gläubigen dennoch zur Gefahr werden können (Eph. 6,11ff; 1. Petr. 5,8; 1. Kor. 10,21–22; 1. Tim. 4,1; 2. Tim. 2,26; Jak. 3,15) wird nicht erwähnt. Der Autor spricht ebensowenig an, daß ein Christ, auch wenn er sich bewußt unter dämonischen Einfluß begeben hat, einfach um Vergebung seiner Schuld bitten sollte. Jesus hat nämlich am Kreuz 1. die Schuld gesühnt und 2. die Macht der Sünde gebrochen. Bei Promm findet sich keine einzige Warnung vor der Beschäftigung mit okkulten Dingen. Das Thema Dämonen scheint für einen gläubigen Christen erledigt zu sein.

Nun habe ich früher nicht anders argumentiert, allerdings in entgegengesetzter Richtung. Einige biblische Beispiele für dämonische Beeinflussung (nicht Besessenheit) genügten mir, um alles zu begründen, was ich tat. Denn wenn es dämonische Beeinflussung gab, dann war scheinbar auch klar, daß sich ein Betroffener einer besonderen Zeremonie unterwerfen muß, um aus diesen Verstrickungen frei zu werden. Meine Überlegungen, daß geschlossene «Verträge» vor Zeugen wieder gelöst werden müßten, brauchten keine eigene biblische Grundlage mehr. Die Alternative, daß dämonische Mächte für Christen eine reale Gefahr bedeuten (wie jede Sünde überhaupt), aber die Einsicht der Schuld und die Bitte um Vergebung völlig ausreichen, um dieser Gefahr zu begegnen, kam mir in dem Sinne kaum. Sie schien ja von beiden Seiten nicht ernsthaft diskutiert zu werden. Erst ein Studium des Korintherbriefes und des Epheserbriefes eröffnete mir diesen Weg.

2. Beispiel: Das Ansprechen von Dämonen

Ein weiteres Beispiel soll von der anderen Seite genannt werden. Die Tatsache, daß sich andere Christen gar nicht um die Dämonen kümmern, führt zu einer blühenden Okkult-Seelsorgepraxis. Sie hat ihre eigenen theologischen Modelle, und Erfahrungen aus der Seelsorge werden an «Anfänger» wie Lehrtraditionen weitergegeben. (Ich weiß wovon ich spreche!) Kommt es zur Auseinandersetzung, werden nie diese Lehrtraditionen begründet. Es werden stattdessen Argumente dafür ins Feld geführt, daß ein Christ sehr wohl von bösen Mächten beeinflußt werden kann. Doch rechtfertigt das denn alles andere?

Ein typisches Beispiel ist das Ansprechen der Dämonen. Es gilt oft als unumgänglich, den Dämonen ihre Geheimnisse zu entlocken. Dabei kommt es vor, daß mit den Dämonen monate- und jahrelang gesprochen und gekämpft wird. (Vergebung gilt übrigens glücklicherweise sofort.) Angeblich muß man erst die Namen der Dämonen wissen oder gar den Anlaß für die Besessenheit kennen, um sie zu vertreiben. Man möchte vor den Dämonen warnen und hat dabei mehr Kontakt mit ihnen als jeder, den man warnen will. Und all das geschieht ohne biblische Grundlage.

Oft widersprechen sich die Aussagen der Dämonen. Zwei Beispiele mögen hiefür genügen. Kurz nach der Berliner Erklärung gegen die Pfingstbewegung 1910 erschien das Protokoll einer Dämonenaustreibung (E. F. Ströter, Die Selbstentlarvung von Pfingstgeistern, 1. Auflage 1911, 2. Auflage 1912, 4. Auflage Berlin 1962 – vgl. auch Anhang). Ein Dämon gibt an, das Zungenreden der Geplagten verursacht zu haben. Eine umfangreiche literarische Diskussion folgte. Pastor Paul schrieb eine Gegenschrift unter dem Titel «Zur Dämonenfrage» (1912). Der Arzt Paul Lechler erklärte die Phänomene aus dem Unbewußten. Johannes Seitz verteidigte wiederum Ströter, indem er weiteres Material über die Dämonenaustreibung veröffentlichte (Ein klärendes Wort gegen Pastor Paul's Schrift «Zur Dämonen-Frage», 1912, 2. Auflage Berlin 1963). Ströter und Seitz lieferten Protokolle dessen, was die Dämonen über 6 bis 7 Monate hin sagten (Ströter 1962, S. 14). Im einzelnen werden die Dämonen zitiert, um die Pfingstbewegung zu widerlegen.

In der Diskussion erscheinen nur zwei Positionen: Entweder war die Frau gar nicht besessen und alles ist seelisch zu erklären, oder die Frau war besessen, dann ist dies der beste Beweis gegen die Pfingstbewegung. Die Alternative, daß die Frau besessen (und ungläubig) war und man die Dämonen nicht hätte reden lassen geschweige denn ihre Reden publizieren dürfen, da die Dämonen Lügner sind, habe ich nirgends gefunden. Kein Wunder, daß viele Vertreter der Pfingstbewegung eine solche Auseinandersetzung ablehnen und an darauffolgenden biblischen Fragen ebenfalls kein Interesse mehr haben. Hier steht doch Erfahrungstheologie gegen Erfahrungstheologie.

Ich habe erlebt, daß Menschen nicht mehr in Zungen reden konnten, nachdem sie in aller Ruhe darum gebetet hatten, daß, wenn das Zungenreden nicht vom Geist Gottes sei, sie es nicht mehr können möchten. Doch kann dies erstens kein Argument sein (denn es gibt auch andere «Erfahrungen»), und zweitens bedurfte es dazu keiner spektakulären Dämonenaustreibung.

Wie schwierig ein solches Argument ist, beweist die Tatsache, daß solche Aussagen der Dämonen bisweilen dazu dienen, andere Seelsorger zu disqualifizieren. Ich selbst habe Dämonen mir schmeicheln hören und habe mich von ihren Aussagen, daß Bruder Soundso keine echte Vollmacht hätte, betrügen lassen. Wie furchtbar! Welch eine Verblendung meinerseits!

Erlo Stegen begründet seine Betonung des Geistes Gottes ebenfalls – natürlich nicht nur – mit Aussagen von Dämonen. Er zitiert eine Lüge und Irrlehre der Dämonen wie einen Bibelvers. In seinem von Kurt Koch herausgegebenen Bericht «Erweckung unter den Zulus» (Neuhausen / Basel 1983) schreibt er über eine Dämonenaustreibung: «Plötzlich haben die Dämonen uns etwas Bemerkenswertes gesagt: ‹Wir kennen Gott den Vater und auch Gott den Sohn, aber seit Gott der Heilige Geist gekommen ist, ist sein Feuer zu heiß für uns, und wir brennen.› Da habe ich den Vers verstanden: ‹Nicht durch Heer oder Kraft, sondern durch meinen Geist.›» (S. 91)

Demnach wäre der Bibelvers wohl ab jetzt so zu verstehen: «Nicht durch Vater oder Sohn, sondern durch meinen Geist...»?

Es ist verschiedentlich zu Recht behauptet worden, daß die frühe Gemeinschaftsbewegung ein Vorläufer der Pfingstbewegung war. Die geschilderten Dämonenaustreibungen sind ein Beispiel dafür. Die Praxis, die in der Pfingstbewegung weitere Verbreitung fand, wird bis heute von Teilen der Gemeinschaftsbewegung (und natürlich anderen) verwendet, um die Pfingstbewegung zu widerlegen. Gleichzeitig erklären Pfingstler auf dieselbe Weise, weshalb andere nicht in Zungen reden wollen (z.B. Pat Brooks im Beispiel unter 3.)

3. Beispiel: Der Einzelseelsorger für okkulte Fragen

Um die Seelsorge ist es vielerorts schlecht bestellt. Unkenntnis biblischer Normen, fehlender Mut, sie zu verkündigen, und der Einbruch humanistischer Methoden machen biblische Seelsorge unmöglich. Es ist für unser Thema bezeichnend, daß die psychoanalytischen Methoden von Carl Gustav Jung, die teilweise auch in der christlichen Seelsorge Anwendung finden, auf Erfahrungen mit spiritistischen Sitzungen basieren. Wenn es um okkulte Phänomene geht, lassen viele Seelsorger gerne ihre Finger davon. Kein Wunder, daß diese Mißstände immer wieder als Argument dafür dienen, daß Gott Seelsorger beruft, die meist ausschließlich zur Befreiung von okkulten Belastungen zur Verfügung stehen. Der verheerende Zustand der Seelsorger kann jedoch nur durch biblische Seelsorge angegangen werden. Diese Seelsorge muß das gegenseitige Ermahnen in der Gemeinde betonen und alle Sünden gleichermaßen aufgreifen. Stattdessen wird oft mit einer im einzelnen nicht biblisch zu begründenden «Spezialseelsorge» geantwortet.

Sicher gibt es die rituelle Lossage von Mächten der Finsternis nicht nur in der Form des Einzelseelsorgers für okkulte Fragen. Die Amerikanerin Pat Brooks hat zum Beispiel einmal im Fernsehprogramm «700 Club» alle dämonischen Mächte in den Zuschauern für drei Tage gebunden und weiß von erstaunlichen Erfolgen zu berichten (Pat Brooks, Healing the Mind, New Puritan Library, Flechter 1983, 4. Auflage, 1. Auflage 1974, S. 54). Sie glaubt, daß es die größte Irrlehre der Kirche ist, daß jeder Mensch bei der Bekehrung von allen Dämonen verlassen wird (S. 70). Auf diese Weise erklärt sie auch, weshalb manche Menschen nicht in Zungen reden wollen.

Dennoch dürfte in Deutschland und der Schweiz das Haupterscheinungsbild der okkulten Seelsorge der einzelne «Starseelsorger» sein, der bestenfalls einige Helfer hinter sich hat. (Ich erlaube mir die scharfen Formulierungen, da ich selbst zu diesen «Starseelsorgern» gehörte und mir darin gefiel.) Menschen reisen über Hunderte von Kilometern, um bei einem bestimmten Seelsorger von ihren Dämonen losgesprochen zu werden. Andere werden an diesen Seelsorger verwiesen. Unser überstrenges Beichtgeheimnis verhindert dabei natürlich eine Kontaktaufnahme zwischen den Ältesten einer Gemeinde und dem eingeschalteten Seelsorger.

In der Bibel ist jedoch Seelsorge nie eine Einbahnstraße. «Bekennet einander...», «ermahnet einander...» heißt es immer wieder. Wer einmal die Begriffe wie «einander», «miteinander» etc. im Neuen Testament studiert, wird sicherlich erstaunt sein, wie sehr alle Christen einschließlich der verantwortlichen Brüder in den Prozeß des gegenseitigen Helfens einbezogen sind. Selbst Paulus freute sich darauf, von den Christen in Rom (Röm. 1,12) ermahnt und getröstet zu werden (im Griechischen ein und dasselbe Wort).

Was zum Teil in der okkulten und auch in der nichtokkulten Seelsorge geschieht, ist letzlich noch sehr von der katholischen

Beichtpraxis bestimmt. Das Neue Testament kennt jedoch keinen, der von der Sünde freispricht, außer Jesus Christus. So hilfreich Geschwister beim Bekenntnis sein können, dürfen sie nie «Stellvertreter Jesus Christi» werden, sondern müssen selbst ebenfalls ihre Schuld bekennen und unter der Vergebung stehen. Selbst unser strenges Seelsorgegeheimnis ist dem Neuen Testament fremd. Paulus nennt offen Sünden einzelner Personen in seinen Briefen beim Namen, da sie die ganze Gemeinde belasten. Die Ältesten müssen sich gegebenenfalls gemeinsam Gedanken darüber machen, wie sie helfen können. Im besten Falle gibt es ein Beichtgeheimnis, da die Sünden dann ja vergeben sind. Erfolgt bei offenkundiger Sünde jedoch keine Buße, kann ein Gespräch mit einem weiteren Bruder oder gar eine Mitteilung an die Gemeinde notwendig sein (Matth. 18,15–18). Wie soll das möglich sein, wenn über das erste Gespräch unter vier Augen nicht gesprochen werden darf? (Matth. 18,18 wird dabei erstaunlicherweise oft gerade auf die geheime Lossagepraxis bezogen, obwohl 18,17 doch gerade von öffentlicher Gemeindezucht spricht.)

Nachdem ich einige Beispiele genannt habe, die mich besonders beschäftigten, möchte ich nach dem Korintherbrief beim Epheserbrief zu dem kommen, was mir half, falsche Denkweisen zu überwinden.

5. Die unsichtbare Welt im Epheserbrief

Im Epheserbrief erscheint an fünf entscheidenden Stellen der Begriff «en tois epouraniois», der mit «in den himmlischen Bereichen» wiedergegeben werden kann, aber durchaus das bezeichnet, was wir «die unsichtbare Welt» nennen. Er steht im Gegensatz zur sichtbaren Welt (Phil. 2,10; vgl. Matth. 18,35; Joh. 3,12; 1. Kor. 15,40+48+49; 2. Tim. 4,18) und erscheint neben dem Epheserbrief häufiger im Hebräerbrief zur Bezeichnung der «himmlischen Berufung», der «himmlischen Dinge» und des «himmlischen Jerusalem» (Hebr. 3,1; 6,4; 8,5; 9,23; 11,16; 12,22), womit alle Vorkommen genannt sind.[1] Wir wollen die

1 vgl. dazu Hermann Cremer, Biblisch-Theologisches Wörterbuch des neutestamentlichen Griechisch, 11. Auflage, Friedrich Andres Perthes, Stuttgart / Gotha 1923, S. 829–830.

Formulierung im folgenden bewußt frei mit «in der unsichtbaren Welt» wiedergeben, um uns mit dieser modernen Formulierung der besonderen Bedeutung dieser Stellen für unser Thema bewußt zu werden. Der Himmel und die unsichtbare Welt sind in der Bibel keine Bereiche außerhalb unserer unsichtbaren Welt, sondern gehen mitten durch unsere sichtbare Welt hindurch.

Wir wollen nun die fünf Stellen im Epheserbrief anschauen, in denen ausdrücklich von der unsichtbaren Welt die Rede ist (Eph. 1,3; 1,20; 2,6; 3,10; 6,12). Die Abschnitte in Klammern geben den Zusammenhang an, um so ein eigenes Weiterstudium zu ermöglichen. Es ist nämlich aus Platzgründen nicht möglich, den Gedankengang des gesamten Epheserbriefes einzubeziehen, was die Bedeutung unseres Themas nur unterstreichen würde.

I. Epheser 1,3 (1,3–8)

«Gepriesen sei der Gott und Vater unseres Herrn Jesus Christus! Er hat uns gesegnet mit jeder geistlichen Segnung in der unsichtbaren Welt in Christus...» (Eph. 1,3).

Seitdem Jesus Christus durch Seinen Tod am Kreuz die Vergebung der Sünden erwirkt hat, sind die Segnungen Gottes geistliche Segnungen in der unsichtbaren Welt, also keine fleischlichen Segnungen in der sichtbaren Welt. Die gewaltigen Segnungen des Christen, die in den folgenden Versen aufgezählt werden, umfassen das Leben, die Vergebung, Erlösung und die Sohnschaft. Dabei geht es nicht um einige Segnungen, sondern um «jede geistliche Segnung». Sie stehen uns in Jesus Christus zur Verfügung. Doch wie unzufrieden sind wir oft! Wie wenig sind wir uns dieses unvorstellbaren Geschenkes bewußt. Wie wenig nehmen wir diese Verheißungen in Anspruch.

Sichtbare Segnungen scheinen uns oft mehr zu interessieren, und scheinbare Segnungen, die nicht von Jesus erwirkt wurden, sondern von Ihm wegführen, haben großen Zulauf. Die Segnungen Gottes brauchen wir nicht mehr zu schaffen, zu erarbeiten oder auszubauen, wir brauchen sie nur in Anspruch zu nehmen, oder, um einen biblischen Ausdruck zu verwenden, mit ihnen zu rechnen. Der himmlische Bereich, der unsichtbare Bereich, ist der eigentliche Bereich, in dem die Gnade und der Sieg Gottes wirksam werden.

II. Epheser 1,20 (1,18–23)

«... was die überschwengliche Größe seiner Kraft an uns, den Glaubenden, ist, nach der Wirksamkeit der Macht seiner Stärke. Die hat er in Christus wirksam werden lassen, indem er ihn aus den Toten auferweckt und zu seiner Rechten in der unsichtbaren Welt gesetzt hat, über jede Gewalt und Macht und Kraft und Herrschaft und jeden Namen, der nicht nur in diesem Zeitalter, sondern auch in dem zukünftigen genannt werden wird. Und alles hat er seinen Füßen unterworfen und ihn als Haupt über alles der Gemeinde gegeben, die sein Leib ist...» (Eph. 1,19b–23a).

Paulus überschlägt sich geradezu mit Worten, um die unvorstellbare Macht und Kraft Gottes zu beschreiben. Mit sechs Begriffen mit ähnlicher Bedeutung steigert er Gottes Allmacht noch, da sie eigentlich mit Worten nicht wiedergegeben werden kann. Diese Allmacht wird nirgends deutlicher als in der Auferstehung und Erhöhung Jesu Christi. Jesus wurde von Seinem Vater als Herrscher über alles in der unsichtbaren Welt eingesetzt. Seine Herrschaft ist nicht sichtbar und findet nicht in irdischen Kategorien statt, sondern ist eine unsichtbare Realität. Paulus zählt wieder zahlreiche Begriffe auf, um zu zeigen, daß alles, was Macht und Einfluß hat, dieser Herrschaft unterstellt ist. Diese Herrschaft in der unsichtbaren Welt schließt damit auch alle Engel und Dämonen mit ein.

Eine besondere Rolle spielt dabei die Gemeinde Jesu. Zwar ist Christus das Haupt der Gemeinde, aber diese Herrschaft wird deutlich von der Herrschaft unterschieden, die alles andere Seinen Füßen unterwirft. Im Gegenteil wird damit angedeutet, daß die Gemeinde als der Leib Christi an der Herrschaft ihres Hauptes Anteil hat.

III. Epheser 2,6 (2,4–7)

«Er hat uns mitauferweckt und mitsitzen lassen in der unsichtbaren Welt in Christus Jesus, damit er in den kommenden Zeitaltern

den überschwenglichen Reichtum seiner Gnade in Güte an uns erweise in Christus Jesus.» (Eph. 2,6–7).

Daß wir, wenn wir zum Glauben an Jesus Christus kommen, mit Christus gestorben sind, ist uns geläufig (Röm. 6,3). Wir sind mit Christus begraben (Röm. 6,4), mit Ihm lebendig gemacht worden (Eph. 2,5), d.h. wir sind mit Ihm auferweckt worden (Röm. 6,5; Eph. 2,6) und leben nun mit Ihm (Röm. 6,8). Wir sind mit dem gesamten Heilswerk Jesu «verwachsen», wie Paulus es nennt (vgl. die genaue Formulierung in Röm. 6,5). Doch daß wir nicht nur mit Seinem Tod, Seinem Begräbnis und Seiner Auferstehung «verwachsen» sind, sondern auch mit Seiner Himmelfahrt und Seiner Erhöhung, mag uns unbegreiflich erscheinen – als wären andere Dinge besser zu begreifen.

Doch genau dies lehrt Paulus hier. Hatte er eben noch davon gesprochen, daß Jesus seit der Auferstehung in der unsichtbaren Welt «sitzt» und regiert, so sagt er nun von Christen, daß Gott sie nicht nur «mitauferweckt» hat, sondern darüberhinaus sie in der unsichtbaren Welt «mitsitzen» läßt «in Christus Jesus». War es eben noch darum gegangen, wie Sünder ohne jede Hoffnung durch den barmherzigen Gott unverdiente Vergebung und Gnade empfangen, so ist nun plötzlich von Gläubigen die Rede, die in ihrem Haupt, Jesus Christus, Vollmacht in der unsichtbaren Welt haben. Was für ein unbegreiflicher Wandel!

Sicher kann man das leicht so mißverstehen, als meinte Paulus, jeder von uns könnte wie Jesus auftreten. Daß wir mit Christus gestorben sind, setzt uns ja nicht an die Stelle Jesu, als könnten wir plötzlich Sündenvergebung erwirken. Daß wir in der unsichtbaren Welt Vollmacht besitzen, ist auch nur denkbar, weil wir in und durch unseren Herrn leben. Ohne Jesus sind wir so machtlos wie eh und je. Nur «in Seinem Namen» können wir Seine Vollmacht erleben. Aber bei allen möglichen Mißverständnissen muß man mit dem in unserem Vers Gesagten rechnen, zumal Paulus, wie wir sehen werden, sehr praktische Konsequenzen daraus zieht. Es ist unbegreiflich, daß der allmächtige, lebendige Gott uns so beschenkt und uns eine solche Stellung gibt, aber es ist dennoch wahr. Kein Wunder, daß Paulus im Epheserbrief immer wieder in Lobpreis ausbricht.

IV. Epheser 3,10 (3,8–13)

«Mir ... ist die Gnade gegeben worden, den Nationen den unausforschlichen Reichtum des Christus zu verkündigen, ... damit jetzt den Gewalten und Mächten in der unsichtbaren Welt durch die Gemeinde die mannigfaltige Weisheit Gottes kundgetan werde, nach dem ewigen Vorsatz, den er verwirklicht hat in Jesus Christus, unserem Herrn» (Eph. 3,8+10–11).

Erneut beschreibt Paulus die unbegreifliche Güte Gottes. Selbst die Nationen werden «Miterben ... und Mitteilhaber der Verheißung in Christus Jesus durch das Evangelium» (Eph 3,6). Paulus ist es unbegreiflich, warum gerade er den Nationen diese Botschaft offenbaren darf. Doch jedem, der nur liest, weshalb Gott dies alles tat, müßte eigentlich der Atem stocken: Gott möchte an der Gemeinde der unsichtbaren Welt Sein Wesen und Seine Weisheit demonstrieren. Er will den guten und den bösen Mächten und Gewalten in der unsichtbaren Welt etwas «kundtun», eine Lektion erteilen. Dabei geht es Ihm nicht darum, zu demonstrieren, wie gut wir sind, sondern wer Er ist und wer die eigentliche Macht hat. Gottes Handeln mit uns hat seinen letzten Grund nicht in unserer Situation, sondern wir sind hineingenommen in eine umfassende Demonstration Gottes vor der unsichtbaren Welt. Sind wir uns dessen bewußt? Jeder Christ ist ein Beweis dafür, daß letztlich Gott und niemand sonst die Welt regiert und die letzte Vollmacht hat.

Wie merkwürdig mag uns das anmuten, wenn wir den Zustand unserer Gemeinden anschauen. Wie erbärmlich sieht es oft in unserem eigenen Glaubensleben aus. Dennoch gilt weiter, daß Gott gerade der unsichtbaren Welt gegenüber Sein Wesen und Seine Weisheit verkünden will und uns dazu gebraucht.

V. Epheser 6,12 (6,10–18)

«Schließlich: Werdet stark im Herrn und in der Macht seiner Stärke! Zieht die ganze Waffenrüstung Gottes an, damit ihr gegen die Listen des Teufels bestehen könnt. Denn unser Kampf ist nicht gegen Fleisch und Blut, sondern gegen die Weltbeherrscher der Finsternis, gegen die Geister der Bosheit in der unsichtbaren Welt» (Eph. 6,10–12).

Was Paulus in seinem Brief geschrieben hat und insbesondere, was uns die bisherigen vier Stellen aufzeigten, fließt bei Paulus am Ende seines Briefes (vor den Schlußbemerkungen und Grüßen 6,19–24) in einigen Ermahnungen für das praktische Glaubensleben zusammen. Biblische Lehre hat immer praktische Konsequenzen. Erst auf dem Hintergrund dessen, was Paulus bisher zur unsichtbaren Welt sagte, wird die ganze Tragweite dieses Abschnittes über die Waffenrüstung Gottes deutlich. Folgende Lehren für unser Thema können wir daraus ziehen:

a) Die Auseinandersetzung mit der unsichtbaren Welt der Finsternis ist selbstverständlicher Bestandteil unseres Glaubenslebens.

Unser eigentlicher Glaubenskampf betrifft in erster Linie nicht Probleme von «Fleisch und Blut», sondern Angriffe der «Geister der Bosheit» (die sich des «Fleisches und Blutes» natürlich bedienen können). Das hat nichts damit zu tun, daß damit Jesu Sieg in Frage gestellt würde. Gerade was Paulus bisher über den Sieg Jesu in der unsichtbaren Welt gesagt hat, zeigt, weshalb für die Mächte der Finsternis so viel auf dem Spiel steht und weshalb sie angreifen. Eine Verharmlosung dieser Auseinandersetzung bringt uns in Gefahr.

b) Die Auseinandersetzung mit der unsichtbaren Welt der Finsternis ist für jeden Christen, nicht nur nur für einzelne «okkult Belastete», aktuell.

Für Paulus ist jeder Christ betroffen. Manch einer, der sich nicht schützt, mag als besonders betroffen erscheinen. Aber keiner kann sich aus dieser Auseinandersetzung heraushalten oder sich ein für allemal durch einen besonderen Akt dagegen impfen lassen. Paulus nennt auch nicht bestimmte Anfechtungen und Sünden, die eine Folge dämonischer Angriffe wären, sondern sieht den Bösen immer am Werk, wenn wir von dem Weg Gottes abweichen wollen.

c) Es hilft weder, daß wir so tun, als würden wir nur gegen Fleisch und Blut kämpfen (Eph. 6,12), noch die Mächte der Finsternis mit fleischlichen Waffen zu bekämpfen (1. Kor. 10,3–4).

Wie oft bekämpfen wie Äußerlichkeiten, statt den eigentlichen Feind zu sehen. Wir ärgern uns über Menschen, die das Evangelium verspotten und werden trotz der Ermahnung der Bibel (1. Petr. 3,15–16) unfreundlich, um nur eines von vielen Beispielen zu nennen. Gleichzeitig meinen wir, mit äußeren Veränderungen und sichtbaren Waffen etwas auszurichten. Wir fordern das Verbot von islamischem Religionsunterricht, anstatt den Muslimen das Evangelium zu verkündigen. Wir werfen Bücher weg, wenn wir mit den von ihnen vertretenen Lehren oder dämonischen Inhalten brechen wollen.

Alle äußerlichen Waffen, die nicht Gott zur Verfügung gestellt hat, bewirken jedoch nichts. Sie sind nicht «mächtig für Gott» (1. Kor. 10,4).

d) Für die Auseinandersetzung stehen keine anderen Waffen zur Verfügung als die, die Gott uns für unser Glaubensleben überhaupt geschenkt hat.

Unsere «Stärke» in diesem Kampf hängt davon ab, wie sehr wir Gottes Stärke in Anspruch nehmen: *«Werdet stark in dem Herrn und in der Macht seiner Stärke»* (Eph. 6,10). Weil Jesus schon längst Seinen triumphierenden Sieg erwirkt hat, kann jede Niederlage nur eine Folge davon sein, daß wir diesen Sieg nicht in Anspruch nehmen.

Schauen wir uns kurz die Waffen an, die uns in der Auseinandersetzung mit dämonischen Mächten von Gott gegeben wurden. Diese «Waffenrüstung Gottes» (Eph. 6,11+13; die einzelnen Waffen 14–17) gilt ja auch für solche, die sich durch ihre Sünde in besonderer Weise mit okkulten Praktiken und Lehren eingelassen haben:

«... eure Lenden umgürtet mit Wahrheit...» (Eph. 6,14b).

Nur die Wahrheit des Wortes Gottes und die von Gott geschenkte Wahrhaftigkeit des Christen können die Lügen und Täuschungen des Teufels aufdecken. Offenheit und Ehrlichkeit sollten uns Christen kennzeichnen, denn was haben wir zu verbergen? Wer im Lichte des Wortes Gottes ehrlich seine Sünden bekennt und nicht vertuscht, wird nicht lange nach Ursachen für bestimmte Probleme suchen müssen.

«... angetan mit dem Brustpanzer der Gerechtigkeit...» (Eph. 6,14c).

Nur in dem Wissen, daß wir durch und in Christus Jesus gerechtfertigt und alle Anklagen gegen uns ungerechtfertigt sind, können wir den Sieg erleben.

«... beschuht an den Füßen mit der Bereitschaft zur Verkündigung des Evangeliums des Friedens...» (Eph. 6,15).

Angriff ist die beste Verteidigung. Der Teufel haßt nichts so sehr wie die Verkündigung der frohen Botschaft, daß Jesus für die Sünden aller Menschen gestorben ist und die Macht des Teufels gebrochen wurde.

«... ergreift den Schild des Glaubens, mit dem ihr alle feurigen Pfeile des Bösen auslöschen könnt...» (Eph. 6,16a).

Es gilt beides. Einerseits: Es gibt die feurigen Pfeile des Bösen. Das mag sehr pessimistisch klingen, aber wird durch Verharmlosung und menschlichen Optimismus nicht geändert.

Andererseits: Der Glaube, also das Vertrauen auf Gott und Seine Verheißungen, reicht völlig aus, um den Sieg zu behalten.

Wer nur das eine ohne das andere lehrt, verführt Menschen dazu, entweder gar nicht mit den feurigen Pfeilen zu rechnen oder ständig auf die bösen Pfeile zu schauen, ohne den eindeutigen Sieg Jesu in Anspruch zu nehmen. Zwei weitere Bibelstellen können uns die Bedeutung des Glaubens weiter erläutern:

«Der Glaube ist die Verwirklichung dessen, was man hofft und ein Überführtsein von Dingen, die man nicht sieht» (Hebr. 11,1).

«Unser Glaube ist der Sieg, der die Welt überwunden hat» (1. Joh. 5,4 – vgl. den Zusammenhang).

«Nehmt auch den Helm des Heils...» (Eph. 6,17a)

Wer das Heil nicht ergriffen hat, das heißt, Jesus nie um Errettung aus der Sünde gebeten hat, kann niemals gegen unsichtbare Mächte der Finsternis kämpfen. Deswegen ist es wichtig, zunächst zu wissen, ob ich selbst oder mein Gesprächspartner wirklich den Helm des Heils haben, d.h. errettet sind. Doch dieses Heil kann dann nicht durch etwas noch Besseres oder Wirksameres überboten werden.

«... und das Schwert des Geistes, das ist Gottes Wort» (Eph. 6,17b).

Die Bibel wirkt nicht als magisches Zauberbuch, sondern ihr Inhalt wirkt durch den Geist, der sie gewirkt hat. Das Wort Gottes wirkt als Waffe, indem wir uns selbst die biblische Lehre vor Augen halten und indem wir mit ihr dem Teufel entgegentreten. Eva versagte, als der Teufel das Wort Gottes hinterfragte und fiel in Sünde. Jesus antwortete dem Teufel dagegen dreimal mit dem Alten Testament, selbst als der Teufel ebenfalls die Bibel zitierte. Wer die Bibel oder biblische Wahrheiten zitiert, hält seinen eigenen falschen Gedanken und den Mächten der Finsternis die Autorität Gottes entgegen. Wir können daher keinerlei Vollmacht erwarten, wenn wir uns auf Lehren und Meinungen stützen, die in Wirklichkeit nicht biblisch zu begründen sind. Menschengebote, die göttlichen Rang beanspruchen und scheinbar biblisch begründet werden, stehen den göttlichen Geboten gegenüber (Mark. 7,1–15). Erstere führen zu einer Niederlage, zweitere verheißen den Sieg. Wer das Wort Gottes eifrig studiert, wird immer mehr entdecken, was er alles geschenkt bekommen hat und wie gewiß der Sieg über die Mächte der Finsternis ist, wenn wir uns daran halten, was Gott wirklich gesagt hat. Schon Seinen Jüngern sagte Jesus vor Seinem Sieg am Kreuz, als sie sich über ihre Vollmacht über die Dämonen freuten:

«Siehe ich gebe euch die Macht, auf Schlangen und Skorpione zu treten, und über die ganze Kraft des Feindes, und nichts soll euch irgendwie schaden. Doch darüber freut euch nicht, daß euch die Geister untertan sind; freut euch aber, daß eure Namen im Himmel angeschrieben sind» (Luk. 10,19–20).

Zeugnisbericht über Seelsorgepraxis

Seit 27 Jahren darf ich in der Verkündigung in verschiedenen Gebieten Deutschlands stehen. Schon während der Praktikumszeit 1961 erlebte ich massive Dinge der Zauberei.

Mal war es möglich, diesen Dingen mit der Macht des Wortes Gottes zu begegnen, mal nicht. Ich stellte fest, daß Hilfe immer möglich war, wenn ein Mensch sich dem Wort Gottes unterstellte und dem Wort gehorchen lernte. Der eigentliche Kampf ging also darum. War der Mensch aber nicht dazu bereit, wollte er nur von den Problemen frei werden, ohne konsequent Gott die Ehre in der ganzen Lebensführung zu geben, dann konnte man mit Dämonen kämpfen wie man wollte und hatte keinen Erfolg. (Übrigens: lassen wir uns auf solche Kämpfe ein, dann nehmen uns die dämonischen Mächte schnell ganz in Beschlag und lenken uns vom Ziel ab.)

Ich sprach mit manchen Brüdern, um biblische Fragen zu klären, las die Bücher von Koch und Modersohn, Kremer und Blumhardt. Doch mir wurde klar, Erfahrungen von Brüdern können schnell zu außerbiblischen Beurteilungen führen, und das wäre gefährlich.

Die alleinige verbindliche Auskunft über die Fragen des Okkultismus darf nur die Schrift geben.

An sie stellte ich nun viele Fragen:

Gibt es Okkultismus noch heute; Jesus hat doch die Macht des Feindes besiegt? Welche Macht kann der Feind über Gotteskinder noch ausüben? Ist Okkultismus eine schlimmere Sünde als andere? Darf man von Grundsünden oder großen und kleinen Sünden sprechen? Wie ist das mit Bekennen von Sünde bis ins 3.+4. Glied zurück? Sollte man nicht zwischen «besessen» und «belastet» unterscheiden? Kann ein Gläubiger besessen sein? Darf man Dämonen ausfragen, sie gar strafen usw.? Kann ich besessen werden, wenn ich anderen helfe? Wie handelte Jesus? Und kann man dies mit heutigen Erfahrungen gleichsetzen? War etwa das Gebieten Jesu und seiner Jünger eines der mitfolgenden Zeichen seiner Messias-Sendung, die heute in dieser Weise nicht mehr zutreffen?

Auf all diese Fragen suchte ich Antwort.

Ein Bruder schrieb z.B. an ein Mädchen, die auf diesem Gebiet Problem hatte: «Die Bibel müßte mehrmals so dick sein, wenn sie alles enthielte, was wir in der Seelsorge gegenüber Okkult-Gebundenen wissen müßten ...»

Ich war erschüttert: das ist Sektiererei.

Wenn neben der Schrift Erfahrungen gebraucht werden, ist das das Ende biblischer Theologie und der Beginn einer neuen Sektenbildung.

Auch die besten Bücher dürfen nur Hilfsmittel sein, die ganze Schrift auf bestimmte Wahrheiten hin zu durchsuchen und in ihr Antworten zu finden.

Von der Praxis her gerieten manche liebenswerten Brüder und Gemeinden in Angst und Schrecken, wenn sie das Wort «okkult» hörten und erklärten sich als nicht zuständig.

Man schickte gerne Hilfesuchende zu «Spezialisten», ihnen wurde recht bald eine besondere Vollmacht zugesprochen. Zum Teil verführte diese «Seelsorger» nun auch ihr Spezialistentum zu der Annahme, daß die okkulten Sünden *die Grundsünde* seien und oft nur die anderen Sünden zur Folge hatten.

Dazu ein Beispiel:

In meiner Missionstätigkeit lernte ich eine junge Frau kennen, die stark durch spiritistische Sünden gebunden war. Besonders stark waren Verstrickungen in Yoga, dazu spielte ein katholischer Pfarrer, der mit dem 6.+7. Buch Mose Tiere besprach und vielerlei Magie betrieb, bei ihr eine wichtige Rolle.

Übereifrige Gemeindeglieder brachten diese junge Frau zu einem «Spezialisten», weit entfernt von uns.

Auf der Fahrt erlebten die «Helfer» ein einziges okkultes Feuerwerk. Ein Trancezustand löste den anderen ab, mit allen möglichen Erscheinungen und Kundgebungen. Eine stundenlange Dämonenaustreibung schloß sich an.

Einige Wochen später wurde sie mir in einem neuen Trancezustand gebracht. Nun fragte ich nach dem Tatbestand der vorigen «Seelsorge», um entscheiden zu können, wo ich nun ansetzen mußte. Ich fragte nach ganz «alltäglichen» Sünden. Ich fragte, wie es mit ihrer Wahrhaftigkeit, mit Diebstahl, Ehebruch und ähnlichem stehe.

Da fragte diese junge Frau ganz tief erstaunt: «Ist das denn Sünde? Danach hat man mich nicht gefragt. Man hat nur nach Okkultismus gesucht.»

Die Logik dieser Seelsorger war: Durch die Innewohnung des Teufels und Gebundenheit an sie wird Sünde verursacht. Deshalb müssen erst der Teufel und seine Helfer vertrieben werden, und damit ist auch das andere erledigt.

Im Falle dieser jungen Frau aber war der Einstieg ihrer dämonischen Kämpfe offensichtlich die Sünde des Ehebruchs. Die Trancezustände waren Scheingefechte der Finsternis, weil sie sich damit abgegeben hatte, um ihre wahre Sünde nicht ans Licht kommen zu lassen. Als dann der Ehebruch ans Licht kam und sie Jesus um Vergebung gebeten hatte, war es mit den dämonischen Kämpfen schnell vorbei.

Hatte bei diesen «Seelsorgern» jemand Sünden in Ehefragen zu bekennen, so stand nicht die Verantwortlichkeit des Menschen im Mittelpunkt, sondern der Geist, den man dahinter vermutete. Man versuchte, den Geist der Hurerei auszutreiben. Ging es um Lügen, trieb man den Lügengeist aus usw. Hatte man keinen Erfolg, suchte man weiter in der Vorfahrenslinie. Das alles tat der notwendigen Seelsorge bei Okkult-Belasteten aber nur weiteren Abbruch.

Das Buch «Geöffnete Augen» war im zweiten Teil eine gute Hilfe in der Auflistung okkulter Sünden. Den ersten Teil aber konnte ich an einigen Stellen nicht gutheißen.

In einem Gespräch bat ich den Autor um Klarheit zu folgenden Punkten: Ich fragte ihn, wie er zu der «völligen Heiligung» stehe, ohne die keiner zur Entrückung bereit sein würde. Gibt es einen Zustand, in dem wir das überhaupt von uns sagen können? Dann fragte ich ihn nach der Stelle Ezechiel 18 und die Verbindung zu 2. Mose 20,5+6, der Sünde bis ins dritte und vierte Glied... Seine Antwort: In Ez. 18 geht es um Israels Treue und nicht um Erbsünde. Auch bei den anderen Fragen wich er mir aus.

Ich schätze den Autor als liebenswürdigen Bruder im Herrn, und doch verbreitet er in diesen Punkten unbiblische Lehren, die zu einer schlechten bis katastrophalen Seelsorgepraxis verleiten.

Meine Frage war immer wieder: Was ist der biblische Weg?

Auf der Suche danach hatte ich auch mancherlei Kontakte und hie und da auch gemeinsame Seelsorge mit Brüdern, die sich auf diesem Gebiet exponiert hatten. Ich prüfte viele Dinge, besonders immer wieder den Bezug zum Wort... Als sich verschiedene Fehlentwicklungen mehrten, faßte ich die Erlebnisse in einem Rundbrief an diese Brüder zusammen. Einige bedankten sich für den dringenden Ruf zurück zum Wort, andere schwiegen sich über den Brief aus (nahmen sich aber vor, nicht so viel von den Kämpfen mit den Dämonen an die Öffentlichkeit dringen zu lassen) ... Hier und da wurde ich ermutigt, den warnenden Brief als Broschüre zu veröffentlichen.

Hier nur einige Gedanken aus «Eine Anfrage zur Seelsorgepraxis an okkult-gebundenen Menschen» von 1972:

«Verschiedene notvolle Ereignisse in den letzten Monaten geben mir den Anlaß zu dieser Anfrage. Es häufen sich die Anzeichen von unbiblischer Akzentverschiebung in der Seelsorge bei Okkult-Gebundenen. *Erfahrungen* werden immer häufiger Maßstab zur Auftraggabe, Erkennen und Durchführen der Seelsorge als die *biblische Bezugnahme*. Daher macht sich nicht ohne Grund immer mehr in verschiedenen Gemeinden, Bibelschulen und Reichgottesarbeitern eine zunehmende Kritik auf diesem speziellen Gebiet der Seelsorge breit. (In meinen anschließenden Fragen sind die z.Zt. wichtigsten Probleme enthalten, die in Seelsorgen verschiedener Brüder offenbar wurde.) *Ohne genaue biblische Klärung der Fragen läuft die ganze Seelsorge an Okkult-Belasteten Gefahr, als sektiererische Außenseiterei abgetan zu werden. Damit wäre aber bestimmt der wichtigen Seelsorge an Okkult-Belasteten der Todesstoß versetzt, und zwar auch dort, wo die klare biblische Bezugnahme da ist.* Das Pendel schlägt dann schnell in das andere Extrem, d.h. Abwehren aller Seelsorge bei okkulten Belastungen. Der Todesstoß käme dann nicht, und das möchte ich betonen, von der Macht der Finsternis, wie es dann bestimmt schnell zur Entschuldigung dargestellt würde, sondern gerade von der nicht-biblisch-legitimen Seelsorgepraxis der Seelsorger selbst. Denn das ist klar: Ohne biblische Legitimation ist Vollmacht eine Phrase... Sie wäre dann ein religiöser Witz, aber ein sehr tragischer, mit bösem Ausgang. Dieser ‹böse Ausgang› äußert sich meistens in zwei Schüben, zunächst einem schwärmerischen (mit Gesichten, Verheißungen, spontanen Aktionen, evtl. auch Zungenreden oder auch anderen geistlichen Erfahrungen wie bes. Gebetserhörungen usw.) und dann einem fleischlichen. Das wäre gefährlicher als die Schwärmereien, die vor einigen Jahren über deutsche Kirchen und Gemeinden gingen, da der Ansatzpunkt nicht wie bei den schwarmgeistigen Bewegungen die *Gefühlsebene*, sondern nun die *Geistes- und Verstandesebene* ist, und daher tiefer wirkt.»

Schließlich ging ich in dem Rundbrief auf verschiedene biblische Fragen zur Seelsorgepraxis an Belasteten ein. Diese wurden in dem hier vorliegenden Buch angesprochen, deshalb brauche ich sie nicht zu wiederholen. Dann schloß ich den Rundbrief mit der Anfrage an die Brüder (alle 20 Punkte, die ich nun nenne, sind Erlebnisse aus diesen Jahren):

Falscher Eifer und Grenzüberschreitungen?

1. Wo steht es, daß wir uns mit den Dämonen unterhalten dürfen? Wie oft werden in der letzten Zeit Dämonen nach allen Richtungen ausgefragt!

2. Wo ist uns befohlen, daß wir Dämonen und den Satan mit dem Blut Jesu quälen dürfen bzw. sollen?

3. Dürfen wir gar den Teufel anrufen, er solle reden, Sünde ans Licht bringen usw...? Wer offenbart Sünde in der Schrift, der Heilige Geist oder die Dämonen...?

4. Wo hat je ein Seelsorger in Schweiß gebadet mit Dämonen gekämpft? Genügt nicht der Garten Gethsemane?

5. Dürfen wir Sünden vorwiegend als okkulte Belastung sehen? Wird unsere eigene Verantwortung der Sünde gegenüber nicht bagatellisiert?

6. Ist es biblisch, daß bei ausbleibender Befreiung einige zunächst sagen, es seien noch Folgeerscheinungen und wenn die

dann auch noch bleiben, werden verborgene Sünden verantwortlich gemacht oder die Aufrichtigkeit des «Patienten» wird in Frage gestellt?

(Das sagen z.B. gewisse Pfingstgruppen auch bei ausbleibender Krankenheilung.) Immer hat der Patient (bzw. Teufel) die Schuld. Und das ist gefährlich. Könnte nicht evtl. mangelnde Erkenntnis der wahren Sachlage die Ursache sein?

7. Wo ist «Seelenspionage» gegenüber anderen Kreisen zu rechtfertigen? Ist es richtig, andere auf die eigene, evtl. nicht einmal biblisch begründbare Erkenntnis in dieser oder jener Methode festzunageln?

8. Wo liegt die Ursache, daß durch die Seelsorge an Okkult-Belasteten Streit in Gemeinden und Schulen ausgetragen wurde? Könnte es ein gewisser Hochmut der «Patienten» sein, die nun eine «Stufe» weiter sind? Oder ist es gar ein geistl. Hochmut der Seelsorger?

9. Sogar Seelsorger, die in der Kraft Gottes Dämonen gebieten, leben teilweise in Streitigkeiten untereinander. Jeder hat seine Erkenntnis und Maßstäbe.

10. Oft ist eine gewisse Personenanhängerei festzustellen. Auf keinem Gebiet der Seelsorge gibt es solche «ausgeprägten geistlichen Abhängigkeiten» wie in der Seelsorge mit Okkult-Belasteten.

11. Erfahrungen werden zu hoch beurteilt. Dürfen sie Maßstab der Seelsorgepraxis werden? Dürfen Erfahrungen zum Aufbau von Lehre verwandt werden? Oder sollte es nicht umgekehrt sein, durch biblische Lehre zu konkreten Glaubensbestätigungen (Erfahrungen) zu kommen?

12. Dürfen wir uns und die Unterwelt durch Erzählen von Dämonenstorys interessant machen? (Phantastische Dinge berichten ... damit ungewolltes Plaudern aus der Seelsorge ... damit Ermuntern zu neuer Seelenspionage bei anderen.)

13. Verdienen Satan und sein Werk überhaupt so große Beachtung? Was bedeutet Jesu Sieg auf Golgatha in bezug auf Satan und sein Werk heute?

14. Kann es nicht sein, daß der Satan sich auf unsere Erwartungen im Kampf mit den Dämonen einstellt und so reagiert, daß er uns in interessante Kämpfe verwickelt, ohne uns an den

Kern der Sache (meistens «normale» Sünde) vorzulassen? Tritt Satan dem Herrn gegenüber nicht auch dessen persönlichen Bedürfnissen entsprechend auf (Matth. 4)?

15. Ist es richtig, hinter allen möglichen Dingen Okkultismus zu sehen... Hinter den Ostverträgen... Hinter Kopfschmerzen... Hinter Sich-Wehren gegen bestimmte Seelsorgepraktiken... Hinter Schäden am Eigentum... Hinter anderer Sicht in theologischen Fragen...

(Was lehrt uns das Buch Hiob in dieser Beziehung?)

16. Ist das Bild des reinen Menschen, der allein zur Entrückung kommen soll, biblisch, wenn man absolute Reinigung der okkulten Kontaktpunkte im eigenen Leben und in dem Leben der Vorfahren darunter versteht? Wie heilig muß ich sein, um zur Entrückung bereit zu sein?

17. Ist die Heilung nur ein Prozeß ständig-neuer Sündenerkenntnisse und Bekenntnisse, also nur eine subjektive Sache? Hat Heilung nicht vor allem die objektive Seite der Gnade Gottes und des vollkommenen Werkes Jesu, in dem ich geheiligt bin?

18. Ist es biblisch, daß Zwillingsgeburten als Fluch Gottes auszulegen sind? (bes. bei eineiigen Zwillingen).

19. Wo steht es, daß Geschlechtsgemeinschaft in der Ehe die Vollmachtlosigkeit im Gebieten über Dämonen zur Folge hat?

20. Wo steht es, daß jemand den «Geist der Dummheit» haben kann?

Wie können wir heute Dämonisierten helfen?

Beispiel: Vor 2 Jahren hielt ich eine Bibelwoche über geistliche Schritte der Heilung. Während der Verkündigung wurde eine junge Frau immer unruhiger, sie brach in Weinen aus und mußte schließlich unter einem Weinkrampf den Saal verlassen. Ich predigte äußerlich unbeeindruckt weiter, bat aber den Herrn um eine Möglichkeit, ihr helfen zu können.

Sie war bereit zu einem Gespräch. Was kam dabei heraus? Eine ganze Menge «kaputter Mensch» und viel Okkultismus, besonders durch zwei Indienbesuche, Bindungen an einen Guru, Astrologie, spiritistische Erscheinungen, Drogen, zwei Jahre Nervenklinik.

Die Hauptbereiche ihrer Sünde waren Okkultismus und Drogen. Ich weiß: in bezug auf die Vergebung sind alle Sünden gleich, aber in bezug auf die Nachbehandlung sind alle Sünden verschieden.

Einem Dieb muß gesagt werden: Stehle nicht mehr und mache den Schaden wieder gut. Ein okkult Gebundener muß lernen, aus Glauben und Gehorsam zu leben. Ein Drogenabhängiger braucht Zeit und Hilfestellung, daß sich sein verseuchter Körper regenerieren kann.

Brauche ich nun für die okkulte Sünde der Frau eine besondere Vollmacht? Nein, es ist eine wichtige Seelsorge, wie jede andere auch.

Während wir über die Notwendigkeit sprachen, sich konsequent auf die Seite des Herrn zu stellen, erschien ihr immer wieder ein bereits toter Guru. Ich ließ mich aber von all dem nicht ablenken, erlaubte der Finsternis nicht zu stören und konnte ihr weiter das vollbrachte Werk Jesu zeigen.

Das Ende des Abends: Wir beteten zu Jesus, die junge Frau bekannte ihre Sünde (nicht die der Eltern) und bat Jesus, ihr Herr zu sein. Ich ging nach Hause mit einer Tüte voll okkulter Bilder, Gegenstände, Ringe, Ketten usw.

Ich dankte dem Herrn Jesus: Die Sünde war vergeben und damit die Macht des Okkultismus bei ihr gebrochen. (Auch das Drogenproblem und anderes können wir dem Herrn als Sünden bekennen.)

Und doch kamen in den nächsten 3–4 Wochen noch einige okkulte Erinnerungen und Erscheinungen, was weiters nicht schlimm war, denn nun lernte die junge Frau, immer mehr von den objektiven Tatsachen des Wortes Gottes her zu leben und zu denken. Oft ist mit einem deutlichen Sündenbekenntnis die Hauptursache einer Dämonisierung geklärt, das habe ich auch erlebt; aber wenn jemand tief im Okkultismus verstrickt ist, verändern sich auch Gehirn und Körper – und das braucht Zeit zur Gesundung.

Bei der erwähnten jungen Frau wurde der Glaube fester, und doch befand sich der Körper noch eine Zeit in der Abhängigkeit von Drogen (hier dauert es bis 7 Jahre, bis die im Fettgewebe abgelagerten Drogen durch den neuen Zellaufbau des Körpers abgebaut sind; siehe Dr. Wilder-Smith, «Das Drogenproblem»). Die junge Frau wurde nach einiger Zeit auch frei vom Rauchen. Eine biblische Therapie mit begleitender Seelsorge war in ihrem Fall angebracht. Und hier zeigte sich auch wieder eine andere Gefahr. Ehemals okkult gebundene Menschen haben einen starken Hang, sich nun wieder an etwas zu binden – sich an Menschen zu hängen und nicht an den Herrn. Sie werden leicht zu Psychopathen.

Um das zu verhindern und einen seelisch verwundeten Menschen zu einer geistlichen Persönlichkeit heranreifen zu lassen, ist eine lebendige biblische Gemeinde die beste Hilfe.

Kritische Bemerkungen zu Beispielen aus der christlichen Literatur

Manche Leser der Erstausgabe dieses Buches kritisierten, daß wir bekannte Gottesmänner, die in Okkult-Seelsorge tätig waren oder sind, beim Namen nannten, Kritik an ihnen übten und sie dadurch angeblich verurteilten. Leider scheinen diese Leser aber unsere zahlreichen Hinweise übersehen zu haben, in denen wir verdeutlichten, daß wir nicht eine Person angreifen, sondern lediglich einen Aspekt aus ihrer – vielleicht sonst sehr gesegneten – Tätigkeit in Frage stellen möchten.

Wir glauben beispielsweise, daß David ein «Mann nach dem Herzen Gottes» war, und trotzdem können wir sein Verhalten gegenüber Uria (Bathsebas Ehemann) nicht gutheißen. Obwohl wir nun diesen Aspekt aus Davids Leben verurteilen, bleibt dabei die Person Davids als «Mann nach dem Herzen Gottes» unangetastet.

In dieser Haltung möge man auch unsere Kritik an einigen bekannten Persönlichkeiten sehen. Damit unser Hauptanliegen nicht durch Nebensächlichkeiten verwischt wird, erwähnen wir die betreffenden Personen und Autoren nicht mehr mit Namen, sondern wollen lediglich die Hauptpunkte aus der einschlägigen christlichen Literatur kritisch beleuchten.

1) Die Klassifizierung der Sünden in normale und damit harmlosere und schwerwiegende sogenannte Greuelsünden läßt sich biblisch nicht nachvollziehen. Das Neue Testament kennt zwei Stellen, in denen zwischen Sünde und Sünde unterschieden wird: Die Hurerei ist im Gegensatz zu allen andern Sünden Sünde wider den eigenen Leib (1. Kor. 6,18), und Johannes spricht in 1. Joh. 5,16+17 von solcher Sünde, die zum Tode führt. Wahrscheinlich meint er damit die von Paulus angesprochenen Sünden wie Hurerei und unwürdige Abendmahlsteil-

nahme, die in der Gemeinde zu Korinth zu Krankheit oder zum Tod führte (1. Kor. 5,5). Weitere Unterscheidungen treffen zu wollen, kann uns in den katholischen Irrtum führen, zwischen läßlichen Sünden und Todsünden unterscheiden zu wollen. Laßt uns also auch in diesem Punkt nicht über das hinausgehen, was geschrieben steht.

2) In dem Anliegen, vor Verharmlosung der Macht Satans zu warnen, verharmlost man oft selbst die Macht der Sünde und damit Satans auf einem anderen Weg, indem man die Okkult-Sünden als «die schwersten Sünden» bezeichnet. Damit fördert man aber die gefährliche Unterschätzung der Verderblichkeit der sündigen Regungen des gefallenen Menschen wie Selbstliebe, Hochmut, Geiz, Verlogenheit etc., die den «unter die Sünde verkauften» (Röm. 7,14) Menschen genauso unerbittlich und folgenschwer versklaven (Röm. 6,17).

3) Die oft aufgeführten Folgen der Greuelsünden auf seelischem und geistlichem Gebiet wie Unglaube, Eigensinn, Trotz, Lästergedanken, Trunksucht, Hurerei etc. sind nach den Aussagen des Herrn genau die Dinge, die im Herzen eines jeden Menschen sind (Matth. 15,19; Mark. 7,21.22). Somit sind diese Sünden nichts anderes als die sündigen Regungen des Fleisches, die selbstverständlich durch dämonische Aktivität verstärkt werden können.[1]

4) Die oft empfohlene Therapie einer besonderen Seelsorge mit Lossage durch einen «geistmächtigen» Seelsorger, ist menschliches Dazutun zu dem im Neuen Testament gewiesenen Weg der Befreiung aus der Macht der Sünde. Wenn ein Brief des Neuen Testaments die zentralen Fragen der Rechtfertigung von den Sünden und Befreiung aus der Macht der Sünde diskutiert, dann ist dies der Römerbrief. So wird die Rechtfertigung in den Kapiteln 1–5 behandelt, die Befreiung in den Kapiteln 7+8. Wir suchen aber vergeblich (wie auch in den restlichen Briefen) nur den geringsten Hinweis auf besondere «Lossageformeln» und sonstige Sondertherapien. Wenn nun dieses Vor-

---

1 Daher können wir beim Christen von einem «Zweifrontenkrieg» sprechen: gegen satanische Angriffe (Eph. 6,12 usw.) und das unbekehrte Fleisch (Gal. 5 usw.), was oftmals gar nicht voneinander zu trennen ist.
Siehe dazu auch die praktischen Erläuterungen in «Versagen und innere Zerrissenheit TELOS-Taschenbuch-Nr. 2535, Berneck 1989

gehen dennoch da und dort Gläubigen geholfen hat, dann lag das nicht an diesen Sonderbehandlungen, sondern daran, daß sie Sünden des Aberglaubens (die ihnen bisher nicht als Sünde aufgedeckt worden waren) von Herzen bekannten und die Vergebung in Anspruch nahmen, um dann im Glauben an den vollbrachten Sieg des Sohnes Gottes über Sünde, Tod und Satan ihren Wandel fortzusetzen. Biblische Lossage (Absage) ist eine Herzenssache und keine Formel: Sünde wird *ans Licht gebracht* (vgl. 2. Kor. 4,2 im Grundtext) und man *bricht* mit ihr.

5) Solches Bekennen geschieht aber besser im stillen Kämmerlein, wo immer dies möglich ist. Natürlich können seelsorgliche Aussprachen dazu verhelfen, Sünde erst einmal als solche zu erkennen, und da sind wir gewiß aufgefordert, entsprechend unserer geistlichen Begabung und Reife solche Dienste zu tun. Aber die absolute Forderung, okkulte Sünden *müsse* man vor Zeugen bekennen, kann in menschliche Abhängigkeiten führen, im Extremfall sogar dazu, daß Menschen zu Mittlern zwischen den einzelnen Gläubigen und Gott werden, was sich mit dem alleinigen Mittlertum Jesu auf gar keinen Fall verträgt (1. Tim. 2,5).

Heutige Dämonenaustreiber wollen oft den *Grad der Dämonisierung* wissen, d.h. Anzahl, Stärke und Rang der innewohnenden Dämonen sowie Ort der Dämonisierung angeben, d.h. ob sie im Magen, im Kopf, in den Armen etc. hausen. Ein Autor beschreibt zum Beispiel im Buch «Befreie uns vom Bösen» seine eigene Befreiung von einem Dämon der Angst. Dabei weiß er zu berichten: «Zuerst spürte ich so etwas wie das Sich-Losreißen von Wurzeln aus dem unteren Teil meines Rückens, und zwar genau in den Wirbeln, in denen ich während der vergangenen Tage den pochenden Schmerz gehabt hatte.» Das geht so weit, daß man die Patienten zuweilen mit den Händen an den entsprechenden Stellen betastet, was mit dem Hinweis auf 1. Tim. 2,8 gerechtfertigt wird, wo von «heiligen Händen» die Rede ist. Die unreinen Geister vertrügen eben die heiligen Hände der Kinder Gottes nicht. Man legt manchmal auch dem Besessenen die Bibel auf den Kopf, weil die Dämonen angeblich diese Nähe der Bibel nicht vertragen. Hier nun zeigt sich eine schwerwiegende Verirrung im Denken vieler Seelsorger: Sie sind in einer magischen Denkweise verhaftet. Das zeigt sich auch in den Austreibungsformeln, die etwa folgendermaßen lauten können: «Wir beten jetzt Licht in XY hinein», oder: «Wir beten jetzt das Blut des Lammes in XY hinein.» Oder man befiehlt den Dämonen, das Blut Jesu Christi zu trinken. Dabei wird dem Betreffenden gewöhnlich direkt in die Ohren *hineingebetet,* weil man eben meint, auf diesem Weg den Dämonen unmittelbarer zu begegnen. Solches Tun ähnelt in erschreckender Weise heidnischen Teufelsbeschwörungen, das um so mehr, als gleiche Beschwörungsformeln auch durch christliche Exorzisten endlos wiederholt werden.[1]

Wenn wir hingegen den biblischen Befund beachten, stellen wir fest, daß die Ausdrücke bezüglich Dämonisierung bewußt so gehalten sind, daß von einer Lokalisierung der Dämonen im Leib des Geplagten keine Rede sein kann. Wie Benedikt Peters bereits feststellte, kann ein Mensch *en pneumati akatharto,* «in einem unreinen Geist» (= in der Gewalt eines Geistes) sein (Mark. 1,23).

B. Peters führt weiter aus: Wollten wir das als eine strenge Lokalisierung auffassen, müßte der Mensch aus dem Dämon *exerchesthai,* «austreten». Der Herr aber gebietet dem Dämon: «Verstumme und trete aus ihm aus!» (V. 25). Auch vom besessenen Gadarener heißt es, er sei ein *anthropos en pneumati akatharto,* «ein Mensch in einem unreinen Geist» (Mark. 5,2), weiter unten hingegen sagt der Herr zu ihm: «Trete aus (oder: weg), unreiner Geist, aus (oder: von) dem Menschen» (V. 8), und dann wechselt der Schreiber von Ein- auf Mehrzahl über: «Und indem die unreinen Geister austraten, traten sie ein in die Schweine» (V. 13). Auch das zeigt uns, daß wir uns davor hüten sollen, nicht allein die Dämonen räumlich lokalisieren, sondern sie auch in unserem Sinn als einen, zwei oder mehrere Geister zäh-

---

1 Daß christlicher Glaube und magische Vorstellungen gerade bei Dämonenaustreibungen in gefährliche Nachbarschaft geraten können, zeigt sich schon beim christlichen Denker und Lehrer Origenes, der im 3. Jahrhundert in Alexandrien und Caesarea lebte und wirkte. Ich zitiere hiezu aus A. v. Harnack, Mission und Ausbreitung des Christentums, S. 168: «Beide, Celsus und Origenes, glaubten also an Dämonen, und die alte Vorstellung von der Kraft der Aussprechung gewisser ‹Namen› wird von Origenes auch sonst (z.B. I, 24f) ausgeführt, ja, er deutet eine geheime ‹Namenwissenschaft› an, die den Eingeweihten Kräfte verleihe, bei der man aber wohl zusehen müsse, daß man sie in der richtigen Sprache rezitiere... ‹Zu diesen Namenwissenschaften gehört auch der Jesusname, welcher bereits unzählige Geister aus den Seelen und Leibern ausgetrieben hat...›»)
B.P.

len zu wollen. Wenn das *Wort Gottes* selbst sagt, sieben Dämonen seien aus Maria Magdalena ausgefahren (Luk. 8,2), dann legitimiert das *uns* an Zeit und Raum gebundene Menschen noch lange nicht, selbst in der Weise angeblich ausgefahrene Dämonen zählen zu wollen.

Apg. 19,16 verwendet einen Ausdruck, der ein entgegengesetztes Verhältnis zu den beiden in Markus genannten Stellen bezeichnet: *en ho än to pneuma to poneron*, «in welchem der böse Geist war». Wenn es nun einmal heißt, der Mensch sei im Geist, ein ander Mal der Geist sei im Menschen, dann erkennen wir erneut, wie unvernünftig es ist, diese nach unseren sich an Zeit und Raum orientierenden Kategorien eng lokalisieren zu wollen. Beachten wir ferner, wie der Ausdruck *echein ta pneumata ta ponera*, «die bösen Geister haben» (Apg. 19,13; Mark. 3,30 etc.) ebenfalls keine Lokalisierung nahelegt, sondern lediglich eine *Beziehung* oder ein *Verhältnis* ausdrückt. Die Schrift drückt sich natürlich bewußt so aus, damit wir nicht nach Lokalisierungen fragen. So auch, wenn wir Eph. 4,27 *didonai topon to diabolo*, «dem Teufel Raum geben», mit 1. Petr. 5,8 vergleichen, wo es umgekehrt heißt, daß der Teufel uns in sich aufnimmt, indem er versucht *tina katapiein*, «jemand hinunterzuschlingen». Das Neue Testament läßt also keine körperliche *Lokalisierung* von Dämonen zu, spricht aber sehr deutlich davon, daß böse Geister auch zu erlösten Menschen in eine ungöttliche *Beziehung* treten können. Das «Fleisch» des bekehrten Menschen bleibt verdorben, so daß im, am oder durch (wie immer wir das sagen wollen) das «Fleisch», der Satan und seine Dämonen ihr Unwesen treiben können. Durch Sünde in Wandel oder Lehre öffnet der Gläubige dem Satan Tür und Tor (1. Tim. 4,1.2), so daß dieser in ihm Raum haben (Eph. 4,27), ihn hinter sich her abziehen (1. Tim. 5,15), ihn für seinen Willen gefangenhalten (2. Tim. 2,26) oder gar verschlingen kann (1. Petr. 5,8). Wenn Buße über Sünde in Wandel und Lehre geschieht, darf sich der Gläubige im Wissen um die Vergebung aus satanischer Umklammerung losreißen, um fortan dem Bösen und all seinen Machenschaften zu widerstehen und sich Gott zu unterwerfen (1. Petr. 5,6+9; Jak. 4,7+10).

Erkenntnis über die Sünde, die dem Teufel solche Macht gewährte, schenkt der Herr Selbst durch Sein Wort. Darum sollen wir gerade in diesen Dingen nicht *dämonenzentriert*, sondern *christus- und bibelzentriert* sein: «*Meine Augen sind stets auf den Herrn gerichtet; denn ER wird meine Füße herausführen aus dem Netze*» (Ps. 25,15).

«*Sitzen auch Fürsten und bereden sich wider mich, dein Knecht sinnt über deine Satzungen*» (Ps. 119,23).

«*Indem wir jede Bürde und die leicht umstrickende Sünde ablegen, wollen wir mit Ausharren laufen den vor uns liegenden Wettlauf, hinwegschauend auf Jesus, den Anfänger und Vollender des Glaubens*» (Hebr. 12,1+2).

Fragen und Antworten

Im Namen Jesu gebieten?

Wenn Christen nicht besessen sein können, dann muß man diesen auch nicht gebieten. Nun aber geschieht es doch immer wieder, daß Gott gerade dort eingreift, wo man in der Seelsorge an extrem dämonisierten Menschen den Geistern im Namen Jesu befiehlt, zu weichen. Ist denn das immer verkehrt?

Gottes Eingreifen ist nicht an Formeln gebunden; er handelt gemäß der von Ihm Selbst gegebenen Verheißung auf Glauben hin: «Dir geschehe nach deinem Glauben» (Matth. 9,29). So kann es ein Ausdruck des Glaubens sein, wenn man den Dämonen aus der Einsicht heraus, daß man als Mensch machtlos ist und allein der Herr helfen kann, gebietet. Dennoch frage ich zurück: Hätte es nicht genügt, sich an Gott zu wenden und Ihn zu bitten, um Jesu Willen einzugreifen und den Satan zu strafen?

Nun ist auch folgende Situation denkbar: Viele Christen leben in der naiven Vorstellung, daß der Teufel und seine Dämonen ihnen nichts anhaben können, da Jesus Christus sie ja besiegt habe. Sie werden unwachsam, und der Satan, der umhergeht wie ein brüllender Löwe, kann sie verschlingen (1. Petr. 5,8). Werden sie nun über die Macht und die List Satans aufgeklärt, so mag das dadurch geschehen, daß ihnen jemand sagt, die Gläubigen müßten dem Teufel gebieten, von ihnen zu weichen. Obwohl das nicht ganz korrekt ist, werden sie für ein ihnen bisher gänzlich vernachlässigtes Gebiet wach und erkennen ihre Verantwortung, dem Satan zu widerstehen (Jak. 4,7). Sie gebieten Satan und seinen Dämonen, und sie erleben tatsächlich, wie dieser weicht. Nun lag dieses Weichen gewiß nicht daran, daß sie geboten, als ob Gebet nicht genügt hätte, sondern daran, daß sie ihre Verantwortung wahrnahmen und dem Satan widerstanden. Es kommt erneut auf die Herzenshaltung an.

Verkehrt wäre es nun, wenn man den Schluß zöge, der Christ müsse dem Satan gebieten, andernfalls weiche er nicht. Das sagt die Schrift nirgends; sie sagt, wir sollen dem Satan widerstehen. Das geschieht wohl grundsätzlich dadurch, daß wir aller Lüge die Wahrheit des Wortes Gottes entgegenhalten (vgl. Matth. 4,4–10) und dadurch, daß wir uns im Gebet an den Herrn wenden und Ihn um Sein Eingreifen anflehen.   *B. Peters*

Das Rituale Romanum

Im Rituale Romanum Tit. X (kath. liturgisches Buch) werden vier signa (Hinweise) der Besessenheit genannt: Verständnis nicht erlernter Sprachen. Wissen um verborgene und entfernte Dinge. Manifestation von übernatürlichen Kräften. Aversion (Abneigung) gegen göttliche und kirchliche Dinge. Kann man sich dem nicht anschließen?

Hier verschleiert man die Tatsache, daß das Rituale Romanum mit «göttlichen und kirchlichen Dingen» Gegenstände meint wie Heiligenbilder, geweihte Kerzen, Weihwasser usw. – also religiös-okkult gebrauchte Gegenstände. Eine Ablehnung solcher Dinge ist biblisch gesehen jedoch Frucht eines vom Heiligen Geist geleiteten Menschen und kein Beweis für eine Dämonisierung – auch wenn die Dämonen oft eine Schein-Abneigung vorspielen, um das Irrvertrauen der Menschen zu stärken. (In Wirklichkeit sind Satan, dem Vater der Lüge, solche okkult gebrauchten Gegenstände sicherlich willkommen.)

Um jedes Mißverständnis in der Beurteilung des Rituale Romanum auszuschließen, nachfolgend kommentarlos einige Textauszüge:

Rituale Romanum
Auf Befehl des höchsten Pontifex Paul V. herausgegeben ... in Vollmacht unseres Heiligsten Herrn Papst Pius XII. gedruckt und vermehrt... (Richtlinien zur Beschwörung eines bösen Geistes)

11. In die Kirche, wenn dies ohne Schwierigkeiten geht, oder an einen anderen religiösen oder schicklichen Ort geführt, abgesondert von der Menge, soll der Besessene beschworen werden...

13. Er soll das Kreuz vor sich halten. Auch Reliquien der Heiligen, soweit ihr Besitz möglich ist, sollen, geziemend und sicher ge-

sammelt und verwahrt, ehrerbietig zu Kopf oder Brust des Besessenen hinbewegt werden...

15. Wichtig aber sind die Fragen insbesondere nach der Anzahl und den Namen der beherrschenden Geister, nach der Zeit ihres Eintritts und dem Grund, sowie nach anderen Umständen dieser Art...

16. ... Und so oft er sieht, daß der Besessene an einem anderen Körperteil ergriffen oder verletzt wird oder irgendwo eine Schwellung erscheint, so mache er da das Kreuzzeichen oder besprenge ihn mit Weihwasser, das er zur Hand habe.

(Ritus der Befreiung vom Teufel Besessener)

Der Priester, der vom Ortsbischof ausgewählt wurde, soll, nachdem er nach gültiger Beichte oder wenigstens im Herzen seine Sünden verabscheut hat, nach dem Opfer der Heiligen Messe, sofern möglich, und nachdem er mit frommen Gebeten die Hilfe Gottes erfleht hat, mit Mantel und violetter Stola angetan, vor sich den Besessenen gebunden, wenn Gefahr besteht, ihn, sich und die Anwesenden mit dem Kreuzzeichen bezeichnen und mit Weihwasser besprengen...

Es wird außerdem viel helfen, über den Besessenen oft das Vaterunser, das Ave-Maria und das Credo zu wiederholen und darüber hinaus das, was unten aufgeschrieben ist, demütig zu sprechen: ... Wer auch immer gerettet sein will, für den ist es vornehmste Pflicht, daß er an dem katholischen Glauben festhält: Wenn nicht jeder einzelne ihn unversehrt und unverletzlich beachtet, wird er ohne Zweifel in Ewigkeit verlorengehen. ... Und die Gutes getan haben, werden in das ewige Leben eingehen; die aber Böses getan haben, in das ewige Feuer. Dies ist der katholische Glaube; wenn ihn einer nicht treu und fest glaubt, kann er nicht selig werden. – Ehre sei dem Vater...

(Beschwörung gegen den Satan)

... durch die Fürsprache der unbefleckten Jungfrau und Gottesgebärerin Maria, des heiligen Erzengels Michael, der heiligen Apostel Petrus und Paulus und aller Heiligen und gestützt auf die heilige Vollmacht unseres Amtes, unternehmen wir es voll Zuversicht, die Angriffe und die Arglist des bösen Feindes zurückzuschlagen...

Wir beschwören dich, jeden unreinen Geist, jede satanische Macht ... Es befiehlt dir Christus, das menschgewordene ewige

Wort Gottes, ... der seine Heilige Kirche auf den festen Fels Petri gebaut hat... Es befiehlt dir die erhabene Gottesgebärerin, die Jungfrau Maria, die seit dem ersten Augenblick ihrer unbefleckten Empfängnis durch Demut dein überstolzes Haupt zertreten hat ... Es befiehlt dir das Blut der Märtyrer und die fromme Fürsprache aller Heiligen ... Schaffe Platz der einen heiligen, katholischen und apostolischen Kirche... Vor den Nachstellungen des Teufels bewahre uns, o Herr... Daß Du Deine Feinde der heiligen Kirche demütigen wollest, wir bitten Dich, o Herr, erhöre uns. Nun besprengt man den Ort mit Weihwasser.

So endet das Rituale Romanum. W. Nitsche

Verschiedene Begriffe

Müssen wir nicht differenzieren zwischen «Besessenheit», «Umsessenheit» und «Belastung»? Gibt uns die Bibel hier nicht richtungweisende Angaben?

Wie wir schon gesehen haben, ist der Ausdruck «besessen» die nicht immer glückliche Wiedergabe des griechischen Wortes *daimonizomenos,* wörtlich «dämonisiert». Die anderen Ausdrücke suchen wir in der Bibel vergeblich. Vielleicht wendet jemand ein, die Begriffe «Dreieinigkeit» oder «Erbsünde» kämen in der Bibel auch nicht vor, was natürlich stimmt. Nur werden in der Bibel die mit diesen Begriffen bezeichneten Tatsachen äußerst klar gelehrt, was sich von «Umsessenheit» oder «Belastung» nicht sagen läßt. Beides sind vielsagende, schwammige Vorstellungen umreißende Ausdrücke. «Umsessenheit» stammt als Begriff aus der Austreibungspraxis der röm.-kath. Kirche. Ich zitiere aus A. Rodewyk, Die dämonische Besessenheit in der Sicht des Rituale Romanum: *«Um zu verstehen, worum es sich hier handelt, muß man von der Grundbedeutung Besessenheit – Umsessenheit ausgehen. Beiden Ausdrücken liegt die Grundvorstellung einer vom Feinde belagerten Stadt zugrunde. Besessenheit (possessio) heißt dann: Der Feind (Teufel) hat die Stadt erobert, ist in den Besitz der Stadt gelangt, hat sich in der Burg festgesetzt und beherrscht sie von innen her; Umsessenheit (obsessio) heißt: Der Feind belagert die Stadt und ruft durch den Angriff von außen gro-*

ße Störungen und Verwirrung in der Stadt hervor. Die lateini-
schen Ausdrücke possessio – obsessio werden bis heute noch oft für
Besessenheit gebraucht» (das Rituale sagt z. B. obsessio [S. 209]).
Es ist wirklich schade, wenn nun nicht nur die Terminologie,
sondern auch die Vergleiche zu ihrer Erklärung, von bibelgläubiger Seite aufgegriffen worden sind. Ich meine, wir sollten auch
hier konsequent bleiben und Glauben, Praxis und entsprechende Terminologie von der Bibel allein herleiten.   *B. Peters*

Verschiedene Geister?

Der Prophet Hosea spricht in Kap. 4,12 vom «Geist der Hurerei».
Kann es nicht sein, daß Gläubige deshalb in sexuelle Sünden fal-
len, weil sie noch nicht von einem solchen Geist befreit worden
sind?

Der Ausdruck «Geist der Hurerei» meint gar nicht einen besonderen Geist, dessen Zuständigkeitsgebiet nun die Hurerei wäre.
Genausowenig bedeutet der in Röm. 8,15 verwendete Ausdruck
«Geist der Knechtschaft» einen besonderen Geist, dessen einzige Aufgabe es wäre, Knechtschaft zu erzeugen. Wenn wir verschiedene Bezeichnungen des Heiligen Geistes beachten, verstehen wir das unschwer. Wir lesen in 2. Tim. 1,7 vom «Geist der
Kraft, der Liebe und der Besonnenheit». Das sind natürlich
nicht drei verschiedene Geister mit je einer der genannten Eigenschaften, sondern gemeint ist der eine Geist Gottes, der Liebe, Kraft und Besonnenheit im Glaubenden weckt. In Eph. 1,14
steht vom «Geist der Weisheit und der Offenbarung», womit gesagt wird, daß der Geist Gottes Weisheit und Verständnis der
göttlichen Offenbarungen gibt. Der jeweils verwendete Genitiv
bezeichnet jedesmal eine besondere Eigenschaft des gleichen
Geistes. Genauso sind die Ausdrücke «Geist der Hurerei» oder
«Geist der Knechtschaft» zu verstehen. Der Geist des Fürsten
dieser Welt – Satan – hat diese Eigenschaften: Er macht den
Menschen zum Sklaven der Sünde, und damit auch der Hurerei. Wenn nun ein Kind Gottes mit sexuellen Sünden Probleme
hat, so liegt das an besonderen Neigungen seines Fleisches. Unser Herr hat uns doch gelehrt, daß im Herzen eines jeden Men-

schen auch Hurerei und Ehebruch sind (Matth. 15,19). Will der Christ von solchen Regungen des Fleisches frei werden, wird er lernen müssen, auf dem in Römer 6 bis 8 gewiesenen Weg sich die in Christus erworbene Freiheit anzueignen und auszuleben. Davon wurde weiter vorne schon gesprochen. Vom Austreiben eines «Geistes der Hurerei» kann keine Rede sein.   *B. Peters*

Blutbesprengung

Wie ist 1. Petrus 1,1+2 zu verstehen, wo Petrus sagt, die Gläubigen seien «auserwählt nach Vorkenntnis Gottes, des Vaters, durch Heiligung des Geistes, zum Gehorsam und zur Blutbesprengung Jesu Christi»?

Auf diese Stelle wird zuweilen verwiesen, wenn man fragt, woher denn die Praxis komme und inwieweit es biblisch legitim sei, «sich unter den Schutz des Blutes» zu stellen.

Die Erfahrung habe bestätigt, sagte ein mir bekannter Mann, daß dort, wo nicht einmal die Bitte an den Herrn, eine «feurige Mauer» um einen zu sein (Sacharja 2,5) etwas nütze, nur noch der Schutz des Blutes helfe. Das gelte besonders bei der Begegnung mit satanischen Mächten in der Seelsorge an okkult Belasteten.

Es ist sicher so, daß der Herr unser Herz und unseren Glauben sieht, so daß letztlich nicht die entsprechende Formel beim Beten das Ausschlaggebende ist. Meint aber jemand, es gäbe Fälle, bei denen der «übliche» Schutz Gottes nicht mehr genüge, sondern das Blut Jesu angerufen werden müsse, stellen sich Bedenken ein.

Wenn Paulus im Römerbrief fragt: «Wenn Gott für uns ist, wer mag wider uns sein?» (8,31), dann wird daraus deutlich genug, daß es keinen sichereren Schutz als eben den Schutz Gottes geben kann. Nun müßte freilich ein gerechter Gott den Sünder der Macht Satans preisgeben; der Erlöste hingegen, dessen Sünden im Blute des Lammes abgewaschen sind (1. Kor. 6,11; Off. 1,5), darf um Gottes Schutz und Bewahrung wissen und darf deshalb ganz nüchtern damit rechnen. *Nüchtern rechnen:* Wir dürfen das ruhig juristisch und mathematisch ernst nehmen.

Das Blut Jesu Christi hat ihn reingewaschen, so daß er jede Klage des Feindes abweisen kann, indem er auf seinen «Fürsprecher beim Vater, Jesus Christus, den Gerechten» verweist. Dieser ist kraft seines vergossenen Blutes «die Sühnung unserer Sünden» (1. Joh. 2,1+2; Röm. 8,34).

Das ist also der «Schutz des Blutes», den wir aber besser nicht so nennen, weil er leicht ganz falsche Vorstellungen weckt; Vorstellungen, die mehr an die vermeintliche Wirkung versprengten Weihwassers erinnern, denn an den Wert und die Auswirkung des Blutes Jesu Christi. Wir wollen daher besser vom Schutz Gottes, vom Schutz unseres Herrn und Heilandes sprechen, der uns wegen Seines für uns vergossenen Blutes vollkommen gewiß ist. Und in dieser Gewißheit können wir alles, was der Satan uns an Angst, Zweifel, Gefühl der Unvollkommenheit, Bedenken, ob Gott uns wirklich vergebe und uns wirklich bewahre, von uns weisen: *«Unterwerft euch Gott, und widersteht dem Satan, so wird er von euch weichen.»* (Jak. 4,7)   B. Peters

Dämonenaustreibung im Judentum?

Zeigt nicht die Erwiderung des Herrn in Matth. 12,27b auf die Behauptung der Pharisäer (12,24), Er treibe die Dämonen nicht anders aus als durch den Beelzebub, den Obersten der Dämonen, daß es Dämonenaustreibungen im Judentum gab, die Er als in der Kraft Gottes anerkannt hat? Er sagt nämlich: «Und wenn ich durch Beelzebub die Dämonen austreibe, durch wen treiben eure Söhne sie aus? Darum werden sie eure Richter sein.» Offenbar scheinen diese Söhne Israels irgendwie aus dem Alten Testament oder durch Gottes Führung erkannt zu haben, daß es einen Auftrag zum Dämonenaustreiben gibt, so daß sie dies auch taten und deshalb von dem Herrn als Richter über die Pharisäer angekündigt werden. Wie kann also behauptet werden, daß gottgewirktes Dämonenaustreiben erst mit dem Dienst des Herrn Jesus auftrat und auf Ihn und die Apostel beschränkt bleiben sollte?

Was sagt das Alte Testament über Dämonenaustreibung?
Zunächst ist festzustellen, daß im ganzen Alten Testament kei-

ne Spur von Dämonenaustreibung zu finden ist (wenn man von dem Sonderfall in 1. Sam. 16,14–23 absieht). Sicherlich gibt es darin zahllose prophetische Hinweise in «Bilderbuchform» auf den Kampf der Heiligen gegen das Böse und seine Austreibung im Vertrauen auf den Herrn, der dazu den Auftrag gegeben hat. Und einen *Auftrag* für die Juden daraus abzuleiten, ist schließlich gänzlich unmöglich. *Ein Auftrag zum Dämonenaustreiben wäre jedoch unabdingbare Voraussetzung,* damit es sich überhaupt um göttliche Wirkungen handeln könnte.

Ein Hinweis auf die Befreiung dämonisch Geplagter scheint aber Jes. 61,1b («Freilassung auszurufen den Gefangenen und Öffnung des Kerkers den Gebundenen») zu sein, der sich ganz klar erst auf den durch den Geist Gottes Gesalbten, also den Christus bezieht. Diese Schriftstelle zitiert der Herr in Luk. 4,18ff und vollzieht im folgenden dieses gesamte Programm des Anbruchs der Gnadenzeit Gottes einschließlich Dämonenaustreibung, Heilungen, Sündenvergebung und sogar Totenauferweckung, womit Er Sich als der verheißene Gesalbte Gottes legitimiert. Somit scheint klar zu sein, daß vom biblischen Befund vor dem Auftreten Christi keine Dämonenaustreibungen stattfinden würden. Es sollte auch auffallen, daß Sein Vorläufer, Johannes der Täufer, keinerlei zeichenhafte Wunder gewirkt hat (vgl. Joh. 10,41).

Dämonenaustreibung im frühen Judentum

Wenn also das Alte Testament weder Auftrag noch Hinweis für Dämonenaustreibungen vor dem Auftreten des Messias gibt, dann stellt sich erneut die Frage: Wie kam es dazu, daß dieses Phänomen im Judentum, noch dazu unter den vermeintlich so bibeltreuen Pharisäern, praktiziert wurde?

Mit Mark. 7,1–23 soll darauf hingewiesen werden, daß die eigentliche Auseinandersetzung zwischen dem Herrn Jesus und den Pharisäern *nicht* Fragen der Schriftauslegung waren, sondern die grundsätzliche Frage, ob nun *Gottes Wort* (damals das Alte Testament) alleine praktische Gültigkeit hatte oder *«die Überlieferung der Ältesten»*!

Die Pharisäer wuschen sich vor dem Essen peinlich genau die Hände. Nun war dies nicht einfach ein Akt natürlicher Hygiene, sondern eine Handlung, mit der sich bestimmte jüdische Vorstellungen verbanden. Das Gesetz sah keinen solchen täglichen Waschritus zu religiösen Zwecken vor, und deshalb taten es die Jünger des Herrn auch nicht, worauf sie von den Pharisäern prompt verurteilt wurden.

Die Lehren des frühen Judentums (d.h. die Zeit zwischen den beiden Testamenten), besonders der Pseudepigraphen (apokryphe Bücher, die zu Unrecht den Namen einer alttestamentlichen Gestalt wie Henoch, Salomo etc. trugen) waren mit merkwürdigen Vorstellungen über Engel und Dämonen regelrecht aufgebläht. Wir können über deren Herkunft nur Vermutungen anstellen. Man hat auch an Einflüsse aus dem altiranischen Parsismus, aus Babylon und Ägypten gedacht. Dadurch, daß das Wirken von Dämonen im Alltag der Juden schon in zwischentestamentlicher Zeit eine immer größere Rolle spielte, wurden diesbezügliche Verhaltensmaßregeln notwendig. Ein großer Teil der zahllosen, über das Gesetz hinausgehenden Vorschriften der Pharisäer sind mit diesem Hintergrund verwoben. Die wahre Gottesfurcht – eine tiefgehende Herzenshaltung (Matth. 22,37–40; Joh. 9,31), die sich im Tun des Willens Gottes ausdrückt – wird auf den Kopf gestellt: Das äußere, rituelle Halten von spät eingeführten und schließlich allgemein anerkannten und für alle verbindlich gemachten Vorschriften selbst galt als Gottesfurcht. Die Reinigungsvorschriften der Pharisäer waren immer weniger von wahrer Gottesfurcht geprägt und immer mehr von ihrem «Wissen» um die Wirksamkeit von Dämonen, vor denen man sich reinigen und schützen mußte, ja die man sogar beschwören und benutzen konnte (z.B. zur magischen Heilung einer Krankheit, vgl. Shabb. 67a), was durchaus als gesetzesgemäß, wenn auch als gefährlich angesehen wurde.

Doch die Kenntnis der Dämonen, ihrer Namen und der richtigen Beschwörungsformeln, in die die Namen der Dämonen eingesetzt wurden, sicherte dem Beschwörer die nötige Gegenmacht und damit die Abwendung der Gefahr. Dämonen wurden am Wasser, am Öl und an allem erwartet, was die ganze Nacht hindurch unbedeckt geblieben war (denn die Nacht wurde als die gefährlichste Zeit angesehen). Ebenso wurden Dämonen an den Händen angenommen, bevor man sich mit kultischer Absicht gewaschen hatte, aber auch an dem Wasser, in dem man dann seine Hände gewaschen hatte, und an den Brotkrumen am Boden (Edersheim, Time and Life of Jesus the Messiah, App. XIII: The Shedim).

Von daher erhellt, welche Art von Verunreinigung vor allem gefürchtet wurde (auf Kosten des alttestamentlichen Verständnisses von Verunreinigung): Verunreinigung durch Dämonen, Angst vor Dämonisierung durch *äußerliche* Dinge! Es ist deshalb kein Wunder, daß der Herr den Pharisäern klarzumachen versuchte, daß die unterlassenen Waschungen sie nicht dämonisieren können (auf dem Weg der Einnahme von Speisen durch den Mund; vgl. Lazarus, der abfallverzehrend und voll von Geschwüren vor Gott keineswegs verunreinigt war, Luk. 16,20ff!), und daß andererseits die Pharisäer den Herrn Jesus als dämonisiert (vgl. Joh. 8,48; Matth. 12,24) betrachten mußten, der nicht ihre Reinigungsvorschriften anerkannte, geschweige denn praktizierte.

Das heißt nun bei weitem nicht, daß nicht eine echte Gefahr der Dämonisierung bestand, im Gegenteil! Der Herr vergleicht «dieses Geschlecht» – indem Er ein ihren Vorstellungen entsprechendes Gleichnis wählt – mit einem von Dämonen bewohnten «Haus» bzw. Menschen (Matth. 12,43–45). Er zeigt ihnen, daß ihr Verständnis von Verunreinigung nichts mehr mit biblischen Prinzipien zu tun hat. Statt Unreinheit im alttestamentlichen Sinn als Bild für die vom Menschen selbst verschuldete Sünde vor dem heiligen Gott zu verstehen und zu meiden, ist ihr Verständnis von Unreinheit und Verunreinigung zu einer äußerlich und magisch mißverstandenen Übertragungsgefahr von Dämonen herabgesunken. Die eigentliche Bedeutung der alttestamentlichen Reinigung durch prophetisch auf den Opfertod Christi hinweisende Schlachtopfer ist daher im Alltag der Bedeutung äußerlicher ritueller Waschungen und sonstiger Vorschriften wie auch magischer Vorstellungen gewichen. Peinlichst auf Reinhaltung in ihrem (unbiblischen, traditionellen) Sinn bedacht und sich rein dünkend, merkten sie nicht, daß sie – im Gegenteil – verfinstert (Luk. 8,34) und dämonisiert waren. Nicht nur derjenige war unrein, der offensichtlich dämonisiert war (durch die leicht erkennbaren Symptome), sondern auch der äußerlich gereinigte, vernünftige Synagogenbesucher, dessen Dämonie erst angesichts der persönlichen Gegenwart des Herrn plötzlich und unerwartet ans Licht mußte (Luk. 4,33).

Aber damit nicht genug. Der Weg des Judas steht für die Haltung des Judentums, das den Herrn abgelehnt hat. Trotz hautnahen Erlebens der Wahrheit, der Lehre und der Wunder des Herrn öffnete Judas dem Satan das Herz und verriet Jesus um des Vorteils willen. Kaltblütig nahm Judas den Bissen, berechnend stand er auf, scheinbar freundlich begrüßte er den Meister. Das Unvorstellbare: Ein Besessener im wahrsten Sinn des Wortes (Joh. 13,2+27; beachte: «nicht rein» V. 11), *ohne die Klischee-«Symptome» aufzuweisen.* Das ist der Hintergrund des Judentums, das den Nazarener endgültig verleugnete (vgl. 1. Thess. 2,15–16; Off. 2,9–10).

Schärfstens widerlegt daher der Herr die Idee der Pharisäer, daß das Eßgeschirr durch äußeren Kontakt mit Schüsseln, die mit kultisch «unreinen» Gegenständen in Berührung gekommen waren, ihrerseits wiederum unrein werden konnte, und daher außen gewaschen werden müßte (Matth. 23,25–26). Vielmehr sollten sie ihre Eßschüsseln und Trinkbecher *innen* reinigen, wo sie nämlich sozusagen «voll von Raub und Unenthaltsamkeit» waren, indem die Pharisäer in ihrer Geldgier (vgl. Luk. 16,14) ihr Essen und Trinken nicht durch Raub erwerben und in Unmäßigkeit verschlingen sollten. Denn wenn sie die Schüsseln zum Essen und die Becher zum Trinken zuerst «innen» (hierin liegt zugleich die Analogie zum Herzen) reinigten, dann würden diese damit auch schon äußerlich gereinigt sein, womit ihre Reinigungsriten für gänzlich vergeblich erklärt waren, wie auch der Vergleich mit Mark. 7,7 zeigt: «Vergeblich aber ehren sie mich, indem sie als Lehren *Menschengebote* lehren.»

Aus dem jüdischen Schrifttum

Woher stammen diese Menschengebote? Guten Aufschluß bietet uns der bekannte jüdische Schriftsteller Flavius Josephus (ca. 37 bis 100 n.Chr.), der ein Gelehrter und in pharisäischem Geist erzogen war. In seinem umfassenden Werk «Jüdische Altertümer» schreibt er im achten Buch über Salomo. In Kap. 2,5 wird die (vermeintliche) Herkunft der Kenntnis über den jüdischen Exorzismus mitgeteilt. Josephus schreibt:

«Infolge der Weisheit und Einsicht, die Salomon von Gott erhielt, überragte er alle Menschen, dir vor ihm gelebt hatten, und selbst die Ägyptier, die doch besonders weise sein sollen, erreichte der König nicht bloß an scharfem Verstand, sondern übertraf sie noch darin... Ebenso war er über die Eigenschaften aller anderen Dinge unterrichtet. Gott lehrte ihn auch die Kunst, böse Geister zum Nutzen und Heile der Menschen zu bannen. Er verfaßte nämlich Sprüche zur Heilung von Krankheiten und Beschwörungsformeln, mit deren Hilfe man die Geister also bändigen und vertreiben kann, daß sie nie mehr zurückkehren. Diese Heilkunst gilt auch jetzt noch viel bei uns. Ich habe zum Beispiel gesehen, wie einer der Unseren, Eleazar mit Namen, in Gegenwart des Vespasianus, seiner Söhne, der Obersten und der übrigen Krieger die von bösen Geistern Besessenen davon befreite. Die Heilung geschah in folgender Weise. Er hielt unter die Nase des Besessenen einen Ring, in dem eine von den Wurzeln eingeschlossen war, welche Salomon angegeben hatte, ließ den Kranken daran riechen, und zog so den bösen Geist durch die Nase heraus. Der Besessene fiel sogleich zusammen, und Eleazar beschwor dann den Geist, indem er den Namen Salomons und die von ihm verfaßten Sprüche hersagte, nie mehr in den Menschen zurückzukehren. Um aber den Anwesenden zu beweisen, daß er wirklich solche Gewalt besitze, stellte Eleazar nicht weit davon einen mit Wasser gefüllten Becher oder ein Becken auf und befahl dem bösen Geiste, beim Ausfahren aus dem Menschen das Gefäß umzustoßen und so die Zuschauer zu überzeugen, daß er den Menschen verlassen habe. Das geschah auch in der Tat, und so wurde Salomons Weisheit und Einsicht kund. Ich habe hierüber sprechen zu müssen geglaubt, damit allgemein bekannt werde, wie gewaltig der Geist des Königs und wie wohlgefällig er Gott war, und damit niemand unter der Sonne des Königs ausgezeichnete Tugend verborgen bleibe.»

Aus dem apokryphen Buch Tobit (das leider in vielen Bibelausgaben dem Alten Testament angefügt ist) sei der Vollständigkeit halber folgendes zitiert (Jerusalemer Übersetzung, Herder

Verlag): «Er antwortete ihm: ‹Was Herz und Leber (des Fisches) angeht, so muß man damit vor dem Mann oder der Frau räuchern, falls sie ein Dämon oder böser Geist plagt. Jede Art böser Bedrängnis verschwindet für immer, ohne auch nur eine Spur zu hinterlassen› (6,8).

Da erinnerte sich Tobias an die Worte Raphaels, nahm seinen Reisesack, holte Herz und Leber des Fisches hervor und legte sie auf die Räucherkohle. Der Rauch vom Fisch belästigte den Dämon, so daß dieser durch die Luft bis nach Ägypten entfloh. (Der Engel) Raphael verfolgte ihn, fesselte und erdrosselte ihn auf der Stelle» (8,2-3).

Aus diesen Berichten läßt sich folgendes zusammenfassen:

1. Die Lehren über den Exorzismus sollen von Salomo gestammt haben (obwohl sie nicht im Alten Testament nachweisbar sind). Gott Selbst habe ihn diese «Kunst» gelehrt. (Es ist dies nicht die einzige Kunst, die späterer Aberglauben dem König Salomo zugeschrieben hat. Auch dem Freimaurertum gilt Salomo als geistiger Ahnherr.)

2. Diese «Künste» des Austreibens mit magischem Wissen und des «Bannens» (heute: des «Bindens», unter mißbräuchlicher Anwendung von Matth. 18,18; vgl. «fesselte und erdrosselte ihn», Tob. 8,3) von bösen Geistern mit Hilfe von Beschwörungsformeln wurde unter Pharisäern, Rabbinern und deren Jünger (vgl. «seiner Söhne») praktiziert, oder zumindest einer ihrer Schulen, der Josephus angehört haben muß («einer der Unseren, Eleazar mit Namen»).

3. Diese Beschwörer sollen – äußerlich gesehen – erfolgreich gewesen sein, und wollten dies noch auf experimentelle Weise vor Zuschauern nachgewiesen haben.

Vergleich mit dem neutestamentlichen Befund

Von der Bibel her ist zu den Zitaten aus dem jüdischen Schrifttum folgendes anzumerken:

1. Der Herr Jesus hat die Überlieferungen der Pharisäer bzw. ihrer Väter nicht anerkannt. Als Gottes Wort konnte nur gelten, was im Gesetz und in den Propheten geschrieben stand (Mark. 7,13).

2. Die Art der Pharisäer, Dämonen auszutreiben, war von

ganz anderer Art als das, was wir von dem Herrn und Seinen Aposteln im Neuen Testament kennenlernen:

Statt der göttlichen Vollmacht, in der dort die Dämonen augenblicklich weichen mußten, wurde hier eine magisch-rituelle Prozedur mit diversen Hilfsmitteln durchgeführt.

Statt mit einem Wort, einem Befehl («Verstumme und fahre aus von ihm!») erfolgte die Austreibung anhand von überliefertem «Wissen» um magische Handlungen, und die Bannungen erfolgten anhand von Sprüchen und Formeln.

Statt daß der Geheilte bekleidet und vernünftig zu Füßen Jesu saß, bat, bei Ihm bleiben zu dürfen (Mark. 5,15.18) oder vom Herrn aufgerichtet wurde (Mark. 9,27), fiel er (wie bei Eleazar) gleich zusammen.

3. Es fällt auf, daß anschließendes «Bannen» (bzw. «Binden») aus Furcht, die Dämonen könnten zurückkehren, im Neuen Testament gänzlich entfällt – denn dort rechnet der Herr ab sofort mit dem Glauben des Befreiten.

Der Befund läßt somit nur den Schluß zu, daß die Dämonenaustreibungen der Pharisäer und ihrer Jünger als widergöttlich beurteilt werden müssen.

Aktuelle Parallelen

Leider werden viele Parallelen zu heutigen Lehren deutlich. Hier einige Beispiele.

Ein gelehrter Professor aus Cambridge schrieb:

«Ein Dämon ist ein Geist. Das griech. Wort für Geist (Pneuma) bedeutet gleichzeitig Atmen. Der Mensch atmet normalerweise durch die Nase und den Mund. Wenn nun ein böser Geist ausgetrieben wird, wird er den Gebundenen meistens auch durch dessen Mund verlassen. Obwohl ein böser Geist für unser menschliches Auge unsichtbar ist, können wir doch an bestimmten Äußerungen feststellen, daß er den Körper des Gebundenen verläßt.» (D. Prince, Das Austreiben der Dämonen, Seite 14; gedruckte Kleinschrift ohne Impressum.)

Vor einiger Zeit kam ein Gläubiger aus einer Gemeinde, in der die Ältesten Austreibungs-«Seelsorge» betreiben, einige Male auf Besuch in eine andere Gemeinde. Schließlich kristallisierten sich bei dem Gast folgende Bedenken heraus: «Warum beten bei euch nicht – wie bei uns – die Brüder vor der Anbetungsstunde, damit die Dämonen diese nicht stören können?» Der Gast war von der fixen Annahme ausgegangen, daß der Teufel vor Versammlungsbeginn gebunden werden müsse, da sonst die Versammlung in der Anbetung nicht «durchbrechen» könne.

Dämonenaustreiber führen heute oft über ihre Sitzungen Buch und fertigen Tonbandaufnahmen an, um ihren Katalog von Symptomen laufend zu verfeinern, das überlieferte «Wissen» aufgrund eigener Erfahrungen zu ergänzen und dadurch die Dämonen und ihre Schliche vermeintlich besser kennenzulernen und präziser unterscheiden und dadurch austreiben zu können.

Die Prinzipien, die hier deutlich werden, sind den Vorstellungen des Frühjudentums ähnlicher als auf den ersten Anblick deutlich sein mag, auch wenn sie sozusagen «im Namen Jesu Christi» praktiziert werden.

Und damals wie heute stammen solche Vorstellungen und Praktiken nicht aus der Heiligen Schrift, sondern sind Menschengebote, zumeist aus dunklen Quellen. Aber als Lehrtradition, die «funktioniert», werden sie übernommen und praktiziert, und weil zu allem hinterher Bibelverse als scheinbare Untermauerung stets lockerzumachen sind, entsteht der Eindruck, als handle es sich um biblische Lehren und infolgedessen um göttliche Wirkungen und Befreiungen. Dem kann jedoch nicht zugestimmt werden.

Irriges Reinigungsverständnis, «Freibeten» oder «Lösen und Binden» durch falsche Vorstellungen über die Wirksamkeit und Gegenwirksamkeit von Dämonen, sind in den Augen des Herrn *Ersetzen des Wortes Gottes* durch Menschenlehren und somit *vergebliche Gottesverehrung* (Matth. 15,9). Die scheinbare Befreiung, auch wenn sie von noch so spektakulären Kundgebungen begleitet wird, ist nicht eine solche im Sinne des Herrn. Mindestens ist ihr Preis die seelische Bindung des also «Befreiten» an seinen dämonenkundigen Seelsorger. Die Knechtschaft wird nur subtil verschoben oder vertauscht, und zu bestimmten Menschen wird beängstigend unverwandt aufgesehen.

Ergänzungen zu Matth. 12,27b, Zusammenfassung und Schlußfolgerung

Als Ergänzung und zusammenfassende Schlußfolgerung zum fraglichen Vers sei noch folgendes dargelegt:

Die Pharisäer hatten Jünger gleichwie Johannes der Täufer und der Herr Jesus (vgl. Luk. 5,33).

Es war für einen Lehrer durchaus üblich, seine Schüler als «Söhne» zu bezeichnen (vgl. auch Spr. 1,5 mit 1,8; 3,1+11; 4,1+10+20 usw.; 8,32; Apg. 19,13–14: «... einige von den umherziehenden jüdischen Beschwörern... Es waren aber sieben Söhne eines jüdischen Hohenpriesters Skevas, die dies taten.»)

Der Herr läßt keinen Zweifel, wo diejenigen Pharisäer geistlich anzusiedeln sind, die Sein Wirken schließlich dem Obersten der Dämonen zugeschrieben haben. Sie sind ein «ehebrecherisches Geschlecht», «inwendig voll von Totengebeinen und aller (!) Unreinheit» und sie sind «aus dem Vater, dem Teufel», dem «Menschenmörder von Anfang an», und selbst Mörder der Propheten. Sie lassen andere nicht in das Reich Gottes eingehen, da sie es vor den Menschen verschließen, und sie selbst gehen auch nicht hinein. Und schließlich werden sie als vermeintliche Dämonenaustreiber schonungslos ans Licht gestellt: Sie, die das Meer und das trockene Land durchziehen, um einen Proselyten zu machen, indem sie einen «unreinen» – d.h. in ihren Augen dämonisierten – Heiden einer Beschneidung und diversen Waschungen unterzogen (mithin also vermeintlich «reinigten», entdämonisierten; traditionelle Waschungen waren nach zeitgenössisch jüdischem Verständnis in gewisser Weise stets schon eine «Dämonenaustreibung» – wieviel mehr dann die Proselytentaufe!), machten ihn, wenn er es geworden ist, zu einem Sohn der Hölle, doppelt so schlimm wie sie (Matth. 23,15).

Diese Beurteilung ist niederschmetternd: Statt den von ihnen missionierten Heiden zu entdämonisieren (somit erkannte der Herr ihre Dämonenaustreibungen als solche überhaupt nicht an), verfinsterten sie ihn sogar noch mehr. Die allgemeine «Entdämonisierung» sollte anders erfolgen: Predigen des Wortes Gottes und die Reinigung des Herzens durch den Glauben (Apg. 26,18; 15,9).

Die Pharisäer beanspruchten keineswegs, in göttlicher Kraft

und Vollmacht Dämonen auszutreiben. So etwas gab es damals ja gar nicht. Vielmehr wäre dies ja der Finger Gottes gewesen und das Zeichen, daß das Reich Gottes angebrochen wäre. Ihre Austreibungen geschahen in ritueller Prozedur gemäß überliefertem «Wissen» und vermeintlicher Kenntnis über Dämonen. Das Wirken des Herrn war aber vollkommen anders, und das mußten alle sofort zugestehen (Luk. 4,36). Zudem kannte nicht nur der Herr die Dämonen, sondern die Dämonen kannten auch Ihn persönlich und fürchteten sich vor Ihm (vgl. Luk. 4,34 u.a.; Jak. 2,19b; Apg. 19,15).

Die Frage des Herrn an die Pharisäer, durch wen denn wohl ihre Söhne Dämonen austrieben, wenn Er es (mit jener augenscheinlichen Vollmacht) durch Beelzebub tue, konnte jene in ihrem Gewissen gebrandmarkten Rabbiner nur zum Verstummen bringen. Nie hätten sie behaupten können, daß sie es im heiligen Geist täten (vgl. auch Joh, 3,2), und sie selbst mochten ihre Söhne angeleitet haben, sich – bei nötiger Kenntnis – einen Sched (Dämon) nutzbar zu machen.

«Darum werden sie eure Richter sein» (Matth. 12,27). Hier sagt ihnen der Herr nicht mehr, als daß sie eines Tages in der Zukunft von ihren eigenen Jüngern verurteilt werden würden. Näheres wird nicht ausgeführt.

Wann und weshalb würde dies geschehen? Ohne in Spekulationen zu fallen, scheint mir der biblische Rahmen nur eine Möglichkeit offenzulassen: Richter könnten sie nur unter der Voraussetzung werden, daß sie sich von ihren Lehrmeistern, die sie irregeleitet haben, abkehrten. Nur wenn sie sich zu Jesus als ihrem wahren Meister zuwandten und Sein Wort annahmen, würden sie selbst ihren Vätern zu Richtern werden, indem sie den von den Vätern überlieferten Wandel (vgl. 1. Petrus 1,18) verurteilten.

Saulus, wahrscheinlich der größte und hoffnungsvollste Sohn des Pharisäismus seiner Zeit, der konsequenter und schlimmer war als seine Väter und Lehrmeister (vgl. Phil. 3,1ff; Gal. 1,13–14; Apg. 22,3; 1. Tim. 1,13; Apg. 7,58; 8,1+3; 9,1–2), kehrte sich ab (Phil. 3,7–8). Sein Zeugnis wurde zu einem Gericht über jenes Judentum, das daran festhielt, den Herrn abzulehnen (Apg. 9,20–23; 13,6–12; 22,1–22)! So geht auch dieses Verheißungswort Christi in Erfüllung.

F. Weber

Wie ist Apostelgeschichte 19,11+12 zu verstehen?

Wir lesen in der angegebenen Stelle, daß man Schweißtücher und Schürzen des Paulus nahm und auf die Kranken legte, wodurch diese gesund wurden. Wird hier nicht bestätigt, daß geistliche Kraft – sei sie göttlicher oder widergöttlicher Art – Gegenständen innewohnen kann?

Wir müssen zur Abklärung der Schwierigkeit einiges zuvor bedenken.

a) Unmittelbarer Zusammenhang: Paulus tut «Wunder nicht gewöhnlicher Art» wie der Schreiber ausdrücklich festhält. Das darf nicht übersehen werden. Gott wirkt hier in einer selbst für einen Apostel (der als solcher schon Außergewöhnliches tat) außergewöhnlichen Weise Wunder. Wir müssen daraus schließen, daß ähnliches sonst nicht geschah.

b) Paulus ist ein Apostel. Das allein ist Grund, nicht alles, was er tat, verallgemeinern zu wollen.

c) Das gesamtbiblische Zeugnis ist klar: Allein der Glaube an den unsichtbaren Gott, was sich mit dem Glauben an Sein Wort deckt, führt zu einem Eingreifen Gottes. Alles Vertrauen auf Gegenstände wird unmißverständlich als eine Form des Götzendienstes verurteilt. Darum dürfen wir einen einmaligen Fall nie verallgemeinern. Einer der wichtigsten Grundsätze gesunder Bibelauslegung ist der, daß schwierige Abschnitte im Lichte eindeutiger Abschnitte interpretiert werden müssen. Und von daher muß es *Glaube an die Botschaft* des Paulus gewesen sein, der jene Leute dazu führte, ihre Arbeitskleider zu holen, um sie Kranken aufzulegen. Gott bestätigte die Botschaft des Paulus und die Richtigkeit des Glaubens der Betroffenen durch die nachfolgenden Zeichen.

Wir wollen zum Schluß ähnliche Berichte zum Vergleich heranziehen:

Die blutflüssige Frau wird geheilt, als sie Jesu Gewand berührt (Markus 5,27ff.). Die Tat der Frau war ein Ausdruck ihres Glaubens an den Träger des Gewandes. Darum sagt Jesus ausdrücklich: «Dein Glaube hat dich geheilt» (V. 34). Und hier gilt wie oben: Es ist ein besonderer Fall. Der Sohn Gottes wurde nur einmal Mensch. Daß dabei Außergewöhnliches geschah, darf nicht erstaunen.

In Apostelgeschichte 5,15 lesen wir, daß Kranke hofften, nur vom Schatten des Petrus überschattet und so geheilt zu werden. Beachten wir aber auch hier die sonstigen Umstände: Eben waren Christen wegen Heuchelei auf der Stelle tot umgefallen. So wenig wie sich das als Normalfall bis heute wiederholt, wiederholt sich die Sache mit dem Schatten des Petrus.

B. Peters

Nachwort

Auch weiterhin werden wohl zu diesem Buch kritische Argumentationen beim Verlag eingehen, und es wird auf Aspekte aufmerksam gemacht werden, die in diesem Buch noch übersehen wurden. Für jede konstruktive Kritik sind wir dankbar, werden diese berücksichtigen und in eine nächste Ausgabe des Buches einarbeiten.

Es sei nochmals darauf hingewiesen, daß der große Bereich biblischer Seelsorge und der praktischen Hilfestellung für Ratsuchende hier nicht umfassend behandelt werden konnte. Zu diesem Thema werden in nächster Zeit verschiedene Bücher im Schwengeler-Verlag erscheinen, die praktische Wegweisung geben.

Der Verlag

Inzwischen sind bereits erschienen:

TELOS-Taschenbuch Nr. 2535
Walter Nitsche:
«Versagen und innere Zerrissenheit»
96 Seiten

TELOS-Taschenbuch Nr. 2532
Walter Nitsche:
«Probleme mit Geborgenheit und Heilsgewißheit?»
88 Seiten

TELOS-Paperback Nr. 1308
Benedikt Peters:
«Wo hört die Gnade Gottes auf?»
200 Seiten

TELOS-Taschenbuch Nr. 2534
Jay Adams:
«Wachsen oder stolpern?»
140 Seiten

Bestell-Nr. 79902

Jakob Tobler
Leben nach dem Horoskop?
Hardcover, 160 Seiten, Fr. 16.80, DM 19.80, öS 154.40

96% unserer Mitbürger kennen ihr Sternzeichen – mehr als ihre Blutgruppe; und rund ⅔ lesen ihr Horoskop. Um so notwendiger ist deshalb eine genaue Aufklärung und Information. So weist der Autor im vorliegenden Buch exakt nach, daß die Lehre von den Tierkreiszeichen in Wirklichkeit eine Sterndeutung ohne Sterne ist. Er geht u.a. der Frage nach, welchen Einfluß die Sterne tatsächlich auf unser Leben haben. Seine gut verständlichen und gründlichen Recherchen aus wissenschaftlicher, psychologischer und biblischer Sicht führen zu einem einheitlichen Beurteilungsbild.

Bestell-Nr. 72150

Walter Nitsche (Hrsg.)
Science-Fiction und Magie
Die okkulten Botschaften der Science-Fiction- und Fantasy-Filme
Großformat, 180 S. mit über 100 Abbildungen und Filmfotos,
Fr. 21.80, DM 23.80, öS 185.60

Über 40 Filme (von «Ghostbusters» und «Die Unendliche Geschichte» bis «Superman» und «Gremlins») werden vorgestellt und kommentiert.
Im zweiten Teil werden die Hintergründe der UFO-Phänomene in äußerst interessanter und eindrücklicher Art erhellt.

158

Benedikt Peters
Bruno Schwengeler

100 FRAGEN ZUR BIBEL

«Schwierige» Stellen
und ihre Erklärung

TELOS

Bestell-Nr. 71321

Benedikt Peters/Bruno Schwengeler
100 Fragen zur Bibel – «Schwierige» Stellen und ihre Erklärung
Pb, 240 S., Fr. 14.80, DM 16.80, öS 131.—

«War Paulus ein Frauenfeind?», «Die Sünde wider den Heiligen Geist», «Rachelüsterne Aussage im Wort Gottes?», «Verwendet Gott Notlügen?», «Zwei Geschlechtsregister Jesu?», «Hielt Gott die Sonne auf?», «Wer ist der Cherub?», «Für Tote taufen?» – solche und viele weitere Fragen und Themen wie «Kremation», «Sabbath», «Handauflegung», «Essen von Blutwurst», «schwören» usw. werden hier ausführlich behandelt und helfen dem Leser, auch bei Bibelstellen, die oft von Sondergruppen und -lehren mißbraucht werden, einen klaren Standpunkt einzunehmen.

Benedikt Peters

ZEICHEN und WUNDER

TELOS

Bestell-Nr. 70347

B. Peters
Zeichen und Wunder
Ihre Bedeutung in der Vergangenheit, Gegenwart und Zukunft
Tb, 64 S., Fr. 5.—, DM 5.80, öS 45.30

Wir leben in einer Zeit der Wunder, und zwar nicht nur der technischen, sondern auch der übernatürlichen. Täglich kann man in den Tageszeitungen Berichte und Inserate von wunderwirkenden Handauflegern, Geist- und Glaubensheilern lesen. Was sagt die Bibel über Zeichen und Wunder?